御朱印帳カタログ

改訂版 全国乙女の寺社めぐり

にほん巡礼倶楽部 著

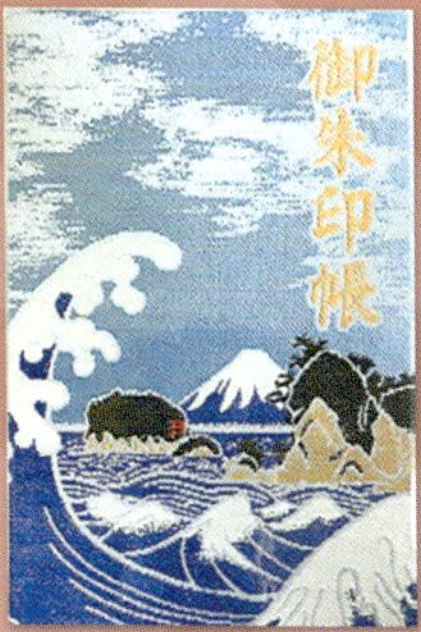

もくじ

本書は２０１６年発行の『御朱印帳カタログ 全国乙女の寺社めぐり』の改訂版です。

第四章 日本の伝統美を感じさせる御朱印帳

※本書の情報は2018年12月現在のものです。これらの情報は予告なく変更される場合がございますので、ご了承ください。

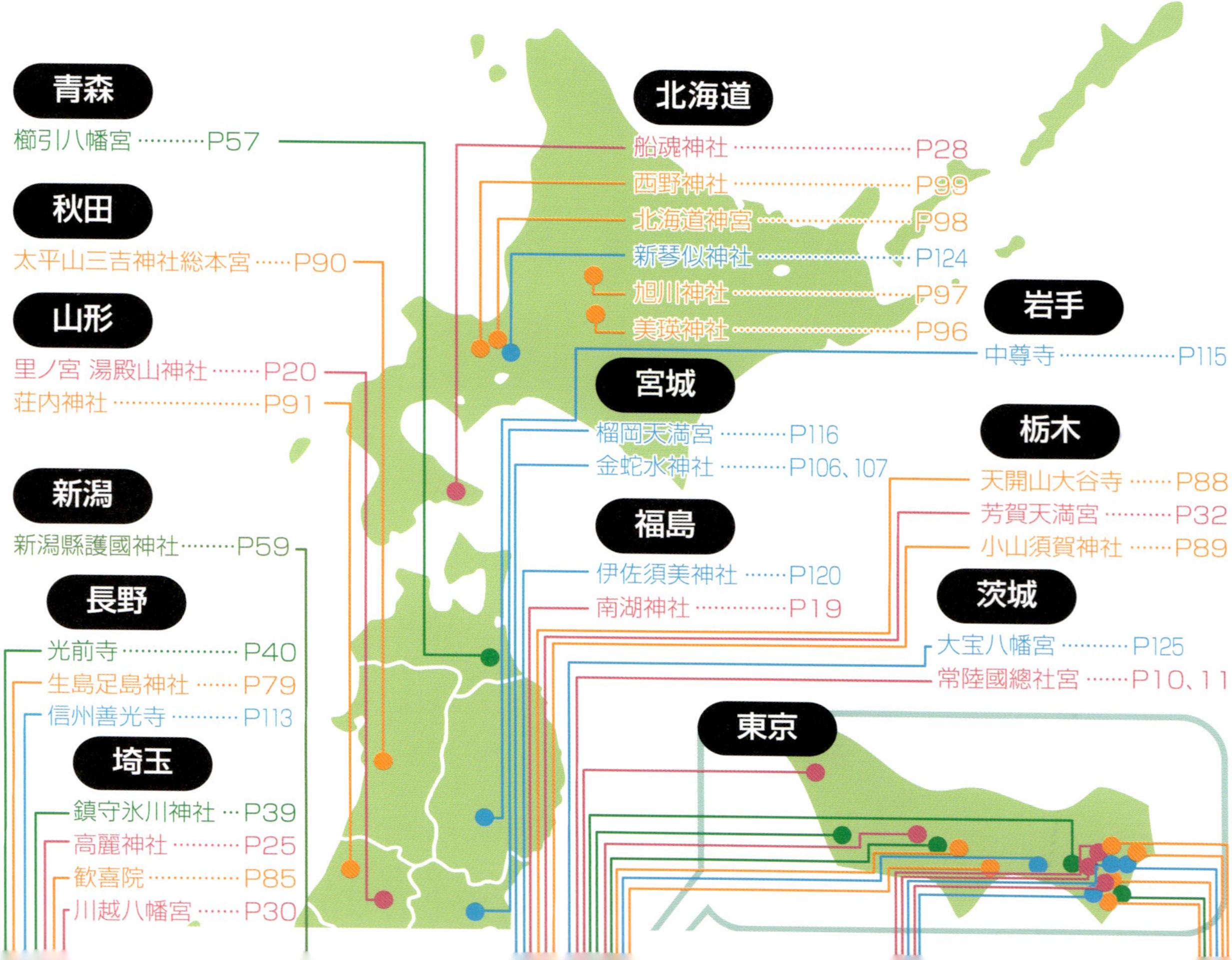

青森
櫛引八幡宮 ……P57
秋田
太平山三吉神社総本宮 ……P90
山形
里ノ宮 湯殿山神社 ……P20
荘内神社 ……P91
新潟
新潟縣護國神社 ……P59
長野
光前寺 ……P40
生島足島神社 ……P79
信州善光寺 ……P113
埼玉
鎮守氷川神社 ……P39
高麗神社 ……P25
歓喜院 ……P85
川越八幡宮 ……P30
北海道
船魂神社 ……P28
西野神社 ……P99
北海道神宮 ……P98
新琴似神社 ……P124
旭川神社 ……P97
美瑛神社 ……P96
岩手
中尊寺 ……P115
宮城
榴岡天満宮 ……P116
金蛇水神社 ……P106、107
福島
伊佐須美神社 ……P120
南湖神社 ……P19
栃木
天開山大谷寺 ……P88
芳賀天満宮 ……P32
小山須賀神社 ……P89
茨城
大宝八幡宮 ……P125
常陸國總社宮 ……P10、11
東京

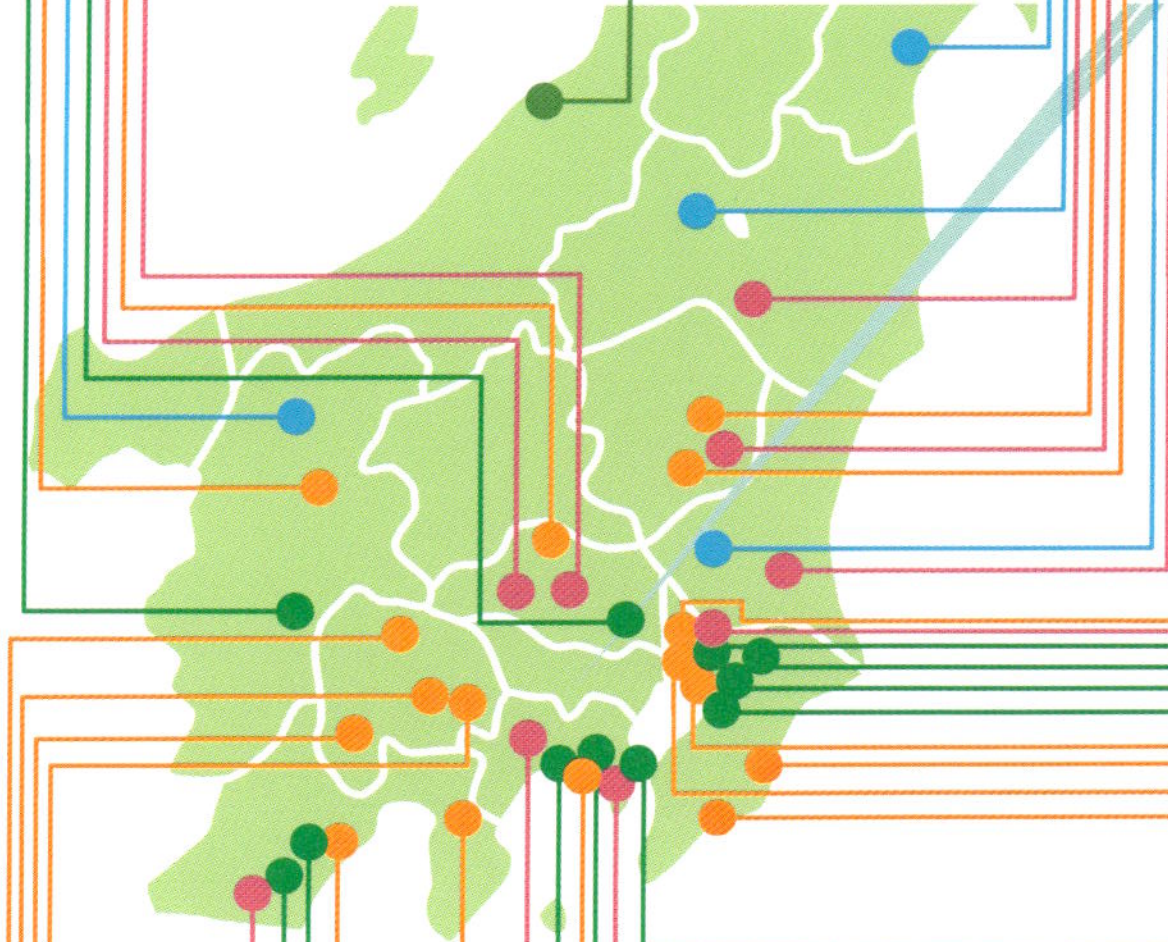

千葉

山梨

静岡

神奈川

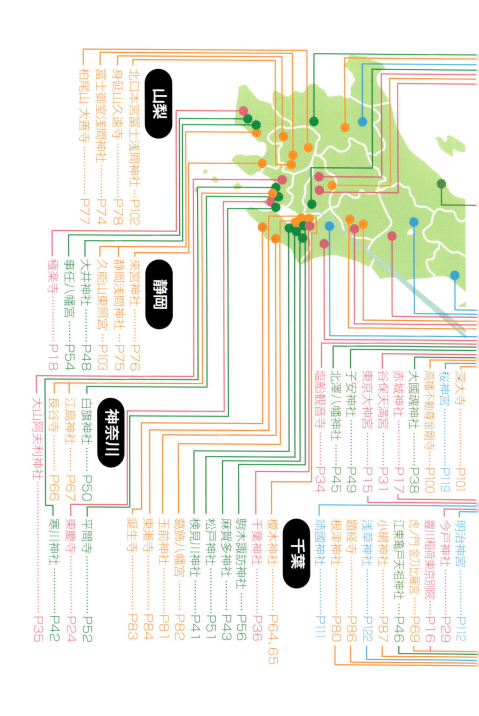

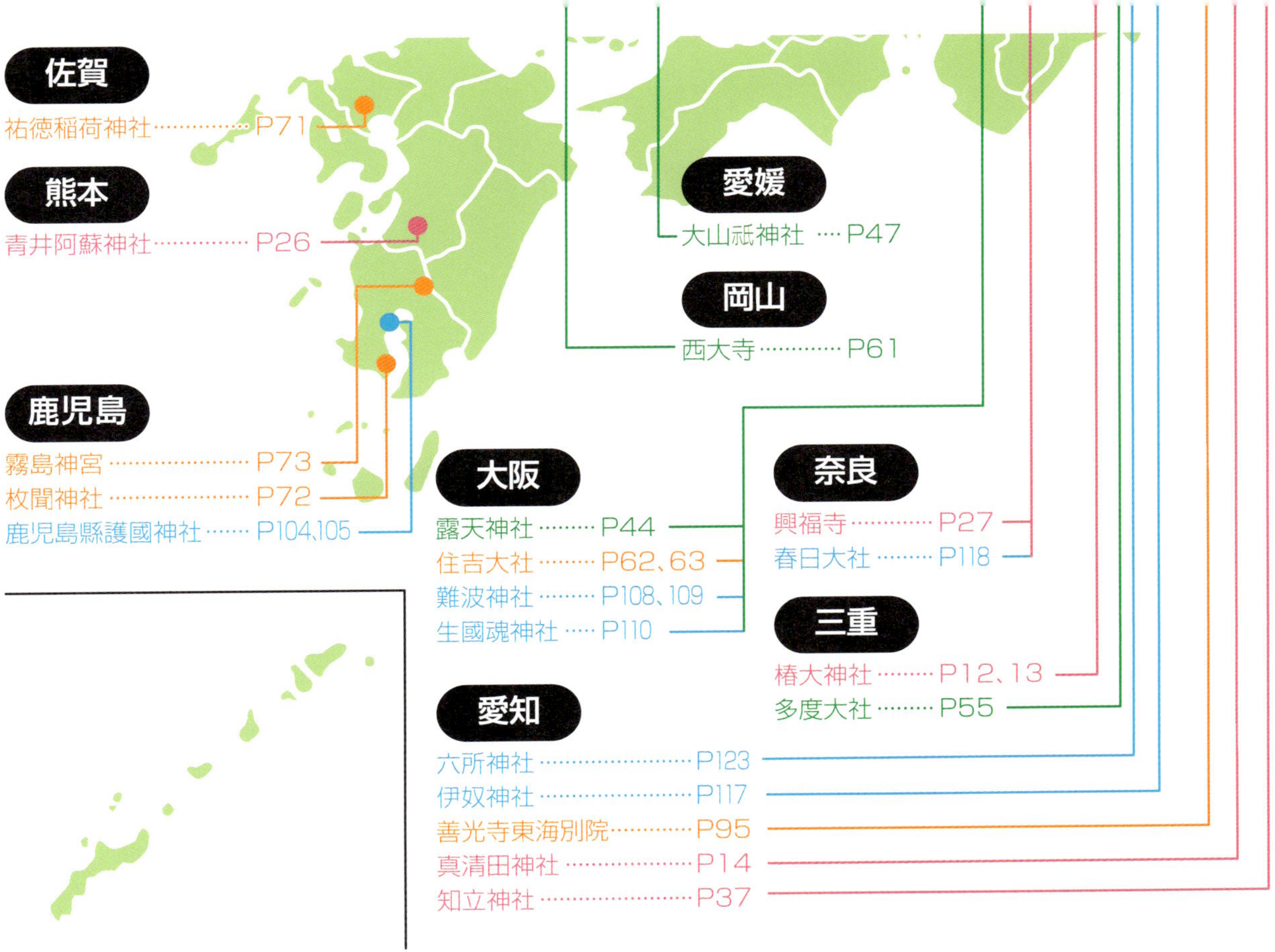
佐賀
祐徳稲荷神社……P71
熊本
青井阿蘇神社……P26
鹿児島
霧島神宮……P73
枚聞神社……P72
鹿児島縣護國神社……P104、105
愛媛
大山祇神社……P47
岡山
西大寺……P61
大阪
露天神社……P44
住吉大社……P62、63
難波神社……P108、109
生國魂神社……P110
奈良
興福寺……P27
春日大社……P118
三重
椿大神社……P12、13
多度大社……P55
愛知
六所神社……P123
伊奴神社……P117
善光寺東海別院……P95
真清田神社……P14
知立神社……P37

はじめに

1 「朱印集め」に注目

最近では寺社で参拝するだけでなく、仏像鑑賞やパワースポット巡りなど別な楽しみも兼ねて訪れる方が多くなっています。そんな寺社を訪ねる楽しみの一つとして注目されているのが「朱印集め」です。

朱印というと信心深い特別な方だけがいただけるもの、何となく興味はあるもののハードルが高そうなどと考えていらっしゃる方も多いようです。朱印は本来、参拝者が写経をお寺に納めた際にいただく印でした。それがいつの頃からか（一説には江戸時代後期ともいわれています）納経しなくても参拝のあかしとして頂けるようになりました。これがやがて神社にも広がり、今では多くの寺社で頂けるようになりました。

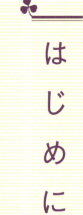

2 御朱印帳または御朱印帖

御朱印帳は御朱印帖とも書かれます。社寺を訪れて、そこでもらう朱印を押した帳面（和帳）のことです。スタンプ帳とどう違うのかと考える人も少なくありません。スタンプ帳は社寺や名所旧跡に置かれているスタンプを旅の思い出として自分で押すもので、無料で気楽に利用できます。御朱印帳は、訪れた社寺に「朱印をお願いします」と依頼し、社寺の担当者に朱印を押してもらいます。この折りにお布施等の名目でいくらか支払います。

朱印はその社寺の顔でもあり、スタンプとは違い隷書（れいしょ）体などの凝った字体を用いています。本来は朱印に押される印は寺の宝印でした。また最大の違いは朱印を押し、そこに墨字（筆）で文字を入れてくれることです。写真の様に多くは朱印の社寺印と毛筆の社寺名が入ります。毛筆ではなく、板字（版画）の所もあります。また観音霊場などでは、お経の文句を書いてくれるところもあります。

各社寺の朱印を押し、御朱印帳が一冊完成すると、屏風のように立ててみましょう。これぞ日本の芸術といった雰囲気が漂います。むかしは、社寺の朱印担当者は、他所の朱印を見て、「よし」とばかりにバランスを考え、腕を振るい筆を振るったそうです。まさに一冊一冊同じ社寺でも、でき上がりは別のものとなります。こうして見ますと、御朱印帳はまさに朱と墨の芸術作品と言えそうです。

3 朱印集めの始まり

朱印集めの始まりは、「お遍路さん」で有名な四国八十八カ所霊場巡りなどの霊場巡礼にあるといわれています。霊場巡礼とは、あらかじめ決められている札所（お寺）を順番に巡り、その全てを巡り終えると願いがかなうという参拝の仕方です。この霊場巡礼の際に各札所で朱印を頂き、参拝のあかしとしているのですが、この巡礼＋御朱印が朱印集めのルーツだともいわれています。

4 御朱印帳の使い方

場合によっては、寺社で用意して頂いた和紙に書いて頂くことも可能ですが、基本的には持参した御朱印帳に書いてもらいます。御朱印帳は、納経帳・御宝印帳・集印帳などとも呼ばれ、大きな寺社や文房具店・仏具店、楽天やアマゾンなどでも手に入れることができます。大きさも様々ですが、文庫本より少し大きなサイズからA5サイズくらいの大きさが一般的です。

茨城県

常陸國《ひたちのくに》總《そう》社《しゃ》宮《ぐう》

表紙

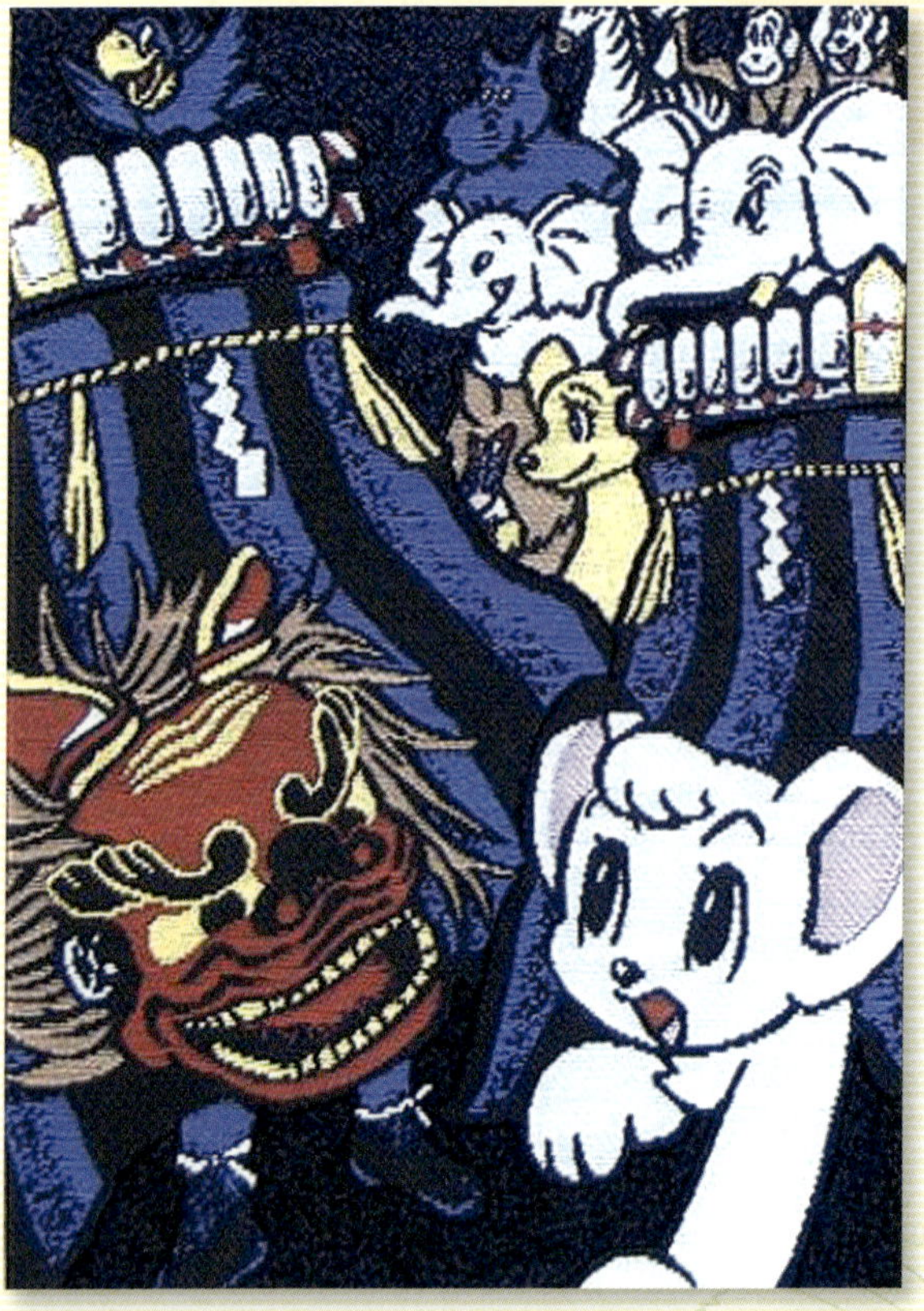

▲「ジャングル大帝」のレオが獅子という事で実現したコラボです。レオの勇ましい表情とたくさんの動物たちが綺麗に表現されています。

レオが勇ましく例大祭の幌獅子に扮する

石岡市は奈良時代に常陸国の国府が置かれた場所であり、国司が政務を行った国衙があった場所です。社伝によると聖武天皇の治世の天平年間、勅命により天神地祇六柱を国内六府の地に勧請合祀して国家鎮護、皇室守護、民衆の幸福を祈願したとあり、六所明神を御祭神とする最も古い総社の一つとされています。ただ、一般的な総社の誕生が11世紀末からとなっています。平安時代の日記文学「更級日記」には、著者の父である常陸介の菅原孝標が「神拝といふわざして国の内ありきしに云々」とあり、国司代として常陸国内諸神社の参拝を行った事が記されています。「ジャングル大帝」のレオが例大祭の幌獅子に扮し、たくさんの動物達も生き生きと描かれた躍動感溢れる御朱印帳です。

手塚プロダクション
ならではの数々の
動物が登場する裏表紙

［御朱印］

裏表紙

［祀られている神様］

● 天神地祇の六柱

- 伊弉諾尊（いざなぎのみこと）
- 素盞嗚尊（すさのおのみこと）
- 瓊々杵尊（ににぎのみこと）
- 大国主尊（おくにぬしのみこと）
- 大宮比賣尊（おおみやひめのみこと）
- 布留大神（ふるのおおかみ）

＊住：茨城県石岡市総社2丁目8-1
＊T：0299-22-2233
＊アクセス：JR常磐線「石岡駅」より徒歩約20分
● 御朱印帳：2,300円（御朱印料含む）

三重県

椿《つばき》大《おお》神《かみ》社《やしろ》

表紙1

▲「火の鳥」に登場するウズメを描いたかわいい御朱印帳は手塚プロダクションとのコラボレーション。猿田彦が描かれた御朱印帳も人気です。

漫画「火の鳥」の登場人物のモデルになった猿田彦大神と天之鈿女命

猿田彦大神を祀る神社の総本社で猿田彦大本宮とも呼ばれています。御朱印帳は漫画家・手塚治虫の代表作「火の鳥」黎明編に登場する猿田彦とウズメの姿がデザインされ、表紙・裏表紙ともに西陣織を使用。多色の糸を使った細やかな紋様が鮮やかです。

社伝によると創始は垂仁天皇27年、倭姫命の御神託により、猿田彦大神の墳墓近くに社殿が造営されました。また、猿田彦大神の末裔の行満大明神は、修験道の開祖で、役行者を導いたということで、中世には修験神道の中心地となったと伝えられます。

垂仁天皇による社伝創始は、それ以前の悠久の太古に原始人類が信仰に芽生え始めた時、すでに猿田彦大神の導祟と本社創建の淵源があったと考えられています。

手塚プロダクションの
協力で新しくなった
デザイン!

表紙2

[御朱印]

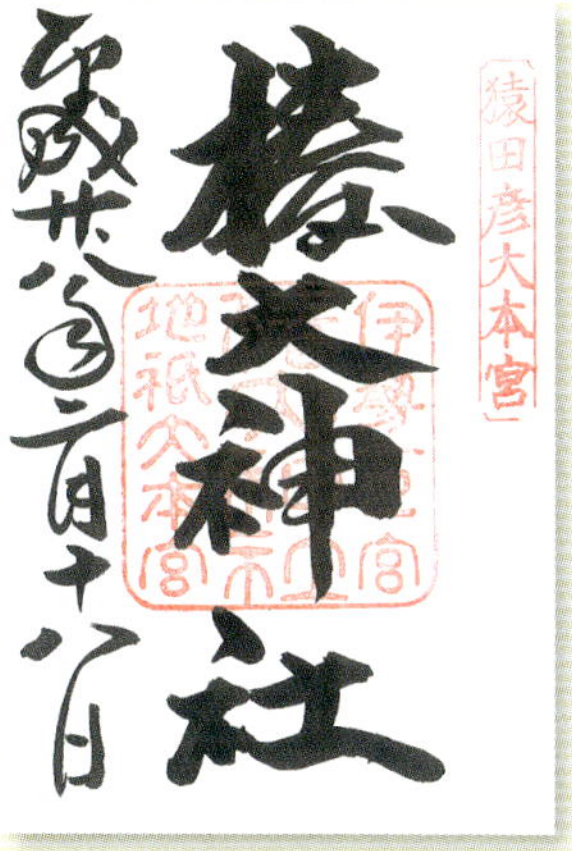

[祀られている神様]

- 猿田彦大神(さるたひこのおおかみ)
  地球上に生きとし生けるものの平安と幸福を招く「みちびき祖神」と崇められている
- 瓊々杵尊(ににぎのみこと)
- 栲幡千々姫命(たくはたちぢひめのみこと)
- 天之鈿女命(あめのうずめのみこと)
- 木花咲耶姫命(このはなさくやひめのみこと)
- 行満大明神(ぎょうまんだいみょうじん)

✻ 住:三重県鈴鹿市山本町1871番地
✻ T:059-371-1515
✻ アクセス:近鉄「四日市駅」より三重交通バスにて約55分
● 御朱印帳:1,700円

愛知県

真《ま》清《すみ》田《だ》神《じん》社《じゃ》

裏表紙

表紙

［御朱印］

▲ 御朱印帳の表紙には、かわいらしい飾り馬と亀の形をした土鈴が配置されています。裏表紙には上品な桃の花が描かれています。

優しいタッチの飾り馬と土鈴が特徴

社伝によれば、鎮座は神武天皇33年。平安時代、国家から国幣の名神大社と認められ人々の崇敬を集めました。鎌倉時代には、順徳天皇が崇敬され、多数の舞楽面をご奉納になり、その舞楽面は現在も重要文化財として保存されています。御朱印帳には、かわいらしい飾り馬と土鈴があしらわれ、その優しいタッチが人気となっています。

江戸時代には徳川幕府の神領として朱印領を奉り、尾張藩主徳川義直が1631（寛永8）年に大修理を行うなど崇敬を篤くしました。1885（明治18）年には国幣小社、1914（大正3）年には国幣中社に列し、皇室国家から厚待遇を受けました。

［ 祀られている神様 ］

● 天火明命（あめのほあかりのみこと）

太陽の神様。天照大御神の孫神。日本本来の太陽信仰を象徴する神様

✻ 住:愛知県一宮市真清田1丁目2番1号
✻ T:0586-73-5196
✻ アクセス:JR「尾張一宮駅」、名鉄「一宮駅」より徒歩約8分
● 御朱印帳:1,500円

東京都

東《とう》京《きょう》大《だい》神《じん》宮《ぐう》

表紙2

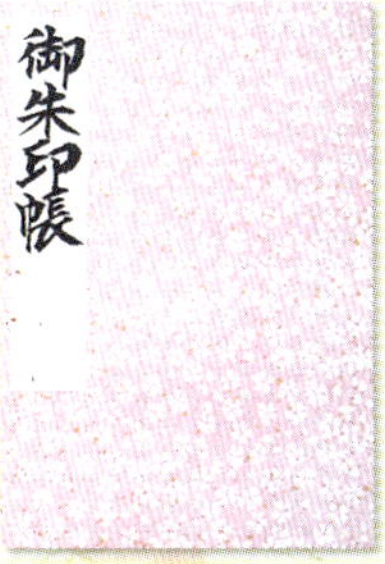

表紙1

［御朱印］

▲ 白地に蝶柄の御朱印帳は結婚式独自の祝い舞「豊寿舞」の装束をモチーフにしています。

心結び、縁結び、幸結びの「東京のお伊勢さま」

江戸時代より伊勢神宮への参拝は人々の生涯かけての願いだったことを受け明治の新国家が誕生するとご裁断を仰ぎ、東京における伊勢神宮の遥拝殿として1880（明治13）年に創建されました。

最初は日比谷の地に鎮座していたことから、「日比谷大神宮」と称され、関東大震災後の1928（昭和3）年に現在地に移ってからは「飯田橋大神宮」と呼ばれ、戦後は社名を「東京大神宮」と改め今日に至ります。伊勢神宮（内宮と外宮）の御祭神と同じ天照皇大神と豊受大神、さらに倭比賣命を奉斎していることにより「東京のお伊勢さま」と称され親しまれています。

［ 祀られている神様 ］

- ●天照皇大神（あまてらすすめおおかみ）
- ●天之御中主神（あめのみなかぬしのかみ）
- ●神産巣日神（かみむすびのかみ）
- ●豊受大神（とようけのおおかみ）
- ●高御産巣日神（たかみむすびのかみ）
- ●倭比賣命（やまとひめのみこと）

＊住:東京都千代田区富士見2丁目4番1号
＊T:03-3262-3566
＊アクセス:JR、地下鉄「飯田橋駅」より徒歩約5分
● 御朱印帳:800円

東京都

豊《とよ》川《かわ》稲《いな》荷《り》東《とう》京《きょう》別《べつ》院《いん》

表紙

▲ 菊の花が描かれている、一番人気の重陽（菊の節句）という御朱印帳です。

裏表紙

［御朱印］

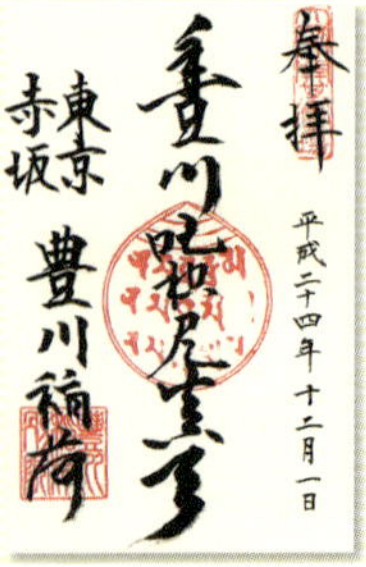

和服の小紋のような華やかな絵柄が特徴

かわいい絵柄が特徴の御朱印帳は、限定品を含め数種類頒布していますが、人気が高いので品切れにご注意ください。

豊川稲荷東京別院は、正式名を「宗教法人豊川閣妙嚴寺」と称する曹洞宗の寺院。大岡越前守忠相が豊川稲荷から陀枳尼天を勧請し、屋敷稲荷として自邸で祀ったのを由来とします。江戸では稲荷信仰が盛んであったため、大岡邸では毎月「午の日」と22日に一般庶民の稲荷への参拝を許していたそうです。1828（文政11）年、信徒の要望により妙嚴寺が一ツ木の大岡邸の敷地の一部を借り受け、豊川稲荷の江戸参詣所を建立したのが創建とされています。

［祀られている神様］

●豊川陀枳尼天（とよかわだきにしんてん）

順徳天皇第三皇太子の寒巌禅師が感得した、霊験あらたかな仏法守護の善神。稲穂を荷い、白い狐に跨っている

✻住：東京都港区元赤坂1丁目4番7号
✻T：03-3408-3414
✻アクセス：東京メトロ銀座線/丸の内線「赤坂見附駅」B出口より徒歩約5分
● 御朱印帳：1,500円

表紙2

表紙1

表紙3

▲ 御朱印帳は、華やかなデザインの市松梅のほか、純和風の古典、淡い色合いにイラストがかわいい雪うさぎの3種を頒布しています。

東京都

赤《あか》城《ぎ》神《じん》社《じゃ》

紅白の梅を散らした市松文様の御朱印帳

「赤城神社再生プロジェクト」において、2010（平成22）年に御再建されました。社殿は国立競技場に採用された隈研吾氏の設計・監修によるものです。全体に市松文様を施し、紅白の梅をあしらったお洒落な御朱印帳の他に、純和風の古典柄、かわいい雪うさぎの3種類が用意されています。

1300（正安2）年、後伏見天皇の御代に上野国赤城山麓から牛込に移住した大胡彦太郎重治が、本国の鎮守の赤城神社の分霊を祀ったのが始まりと伝わります。1683（天和3）年、徳川幕府は牛込の総鎮守と崇め、日枝神社、神田明神とともに江戸の三社と称し、「赤城明神社」と紹介されました。

［ 祀られている神様 ］

● 岩筒雄命（いわつつおのみこと）
火の神様。迦具士神より生まれた

● 赤城姫命（あかぎひめのみこと）
神社を創建した大胡氏の息女と伝わる

＊ 住：東京都新宿区赤城元町1番10号
＊ T：03-3260-5071
＊ アクセス：東西線「神楽坂駅」より徒歩約1分
● 御朱印帳：1,000円

静岡県

実《じっ》谷《こく》山《さん》 極《ごく》楽《らく》寺《じ》

表紙2

表紙1

▲ 鮮やかにあじさいが描かれた御朱印帳は2種類の色から選べます。

［御朱印］

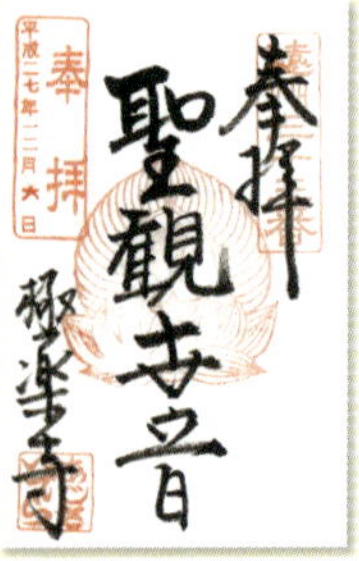

あじさい寺として有名な神社

養老年間（712年ごろ）行基菩薩によって開創、ご本尊阿弥陀如来は行基菩薩自らの作と伝えられています。

遠州三十三観音霊場33番札所として知られ、境内には30種類以上13，000株が6月上旬～7月上旬にかけて咲き誇り、特に雨の日の独特の色彩は多くの人に感動を与えることから、極楽寺は別名「あじさい寺」と呼ばれており、あじさいが描かれた御朱印帳も2色があります。

開運厄除をはじめ、無病息災、学業成就・合格祈願、良縁成就、安産祈願、社業繁栄、商売繁盛、交通安全のご利益があるとされております。

［御本尊］

●釈迦如来（しゃかにょらい）

✻住:静岡県周智郡森町一宮5709
✻T:0538-89-7407
✻アクセス:天竜浜名湖鉄道「遠江一宮駅」より徒歩20分
● 御朱印帳:1,200円

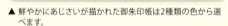

福島県

南《なん》湖《こ》神《じん》社《じゃ》

裏表紙

表紙

▲ 美しい御朱印帳の表紙の裏側には記念スタンプが押されるというサービスがあります。

［御朱印］

南湖の桜と紅葉を美しくデザイン

1922（大正11）年設立。白河市の「南湖公園」の中に鎮座し、御祭神として松平定信公をおまつりしています。南湖公園は松平定信が整備した日本最初の公園で4月中旬になると、公園内のソメイヨシノや参道沿いの樹齢200年の御神木「楽翁桜」が咲き出し、境内は参拝客で溢れかえっています。その中でも「楽翁桜」は南湖公園築造当時に楽翁公によって植えられたと伝えられ、樹齢200年を誇ります。

また、南湖神社創建の時に桜の木が中央になるように参道を作ったといわれております。美しい御朱印帳の表紙の裏側には記念スタンプが押されるというサービスがある。

［ 祀られている神様 ］

● 松平定信公（まつだいらさだのぶこう）

白河在住の男性と会津の女性を引き合わせて縁を取り持った

＊住：福島県白河市菅生館2　＊T：0248-23-3015

＊アクセス：東北新幹線・在来線「白河駅」下車・駅前からタクシー約5分。もしくは駅前から市内循環バス「こみねっと」利用・「南湖東口」下車徒歩約5分

● 御朱印帳：2,000円

山形県

里之宮《さとのみや》 湯《ゆ》殿《どの》山《さん》神《じん》社《じゃ》

裏表紙

表紙

［御朱印］

▲ 里之宮湯殿山神社の神の化身「願い牛」と八重桜をあしらったおしゃれなデザインの御朱印帳。裏表紙には神紋と蕪が描かれています。

黒地に八重桜と神の化身の願い牛

1876（明治9）年、初代山形県令の三島通庸は、県庁舎の建設の地を山形県旅篭町の万日河原と定め、出羽三山の奥の宮、国弊小社湯殿山本宮の口之宮本導寺湯殿山神社より分霊を勧請、旅篭町雁島に祀りました。御朱印帳には、子授け、安産祈願や撫でるとご利益があるといわれる「願い牛」と八重桜があしらわれています。

1911（明治44）年、山形市で起きた大火のために、本殿が仮拝殿とともに新たに完成したのは1915（大正4）年。拝殿が完成したのは1936（昭和11）年のことでした。今や県都山形市の鎮守として仰がれ、尊ばれています。

［祀られている神様］

● 大山祇命（おおやまづみのみこと）　山の神、農業の神

● 大已貴命（おおなむちのみこと）
農業神、商業神、縁結びの神。別名は大国主大神、大黒様

● 少彦名命（すくなひこなのみこと）　医薬の神、温泉の神、酒の神

＊住:山形県山形市旅篭町3丁目4番6号
＊T:023-633-1810
＊アクセス:JR「山形駅」より車で約10分
● 御朱印帳:1,500円

京都府

西《さい》院《いん》春《かす》日《が》神《じん》社《じゃ》

表紙

裏表紙

▲ 黒地に神鹿と金糸の藤を刺繍した格式高い御朱印帳です。裏表紙には同じく金糸で「京都西院春日神社」の印が刺繍されています。

［御朱印］

すっくと立つ神鹿と金糸の藤と印を刺繍

淳和天皇が退位に伴い淳和院離宮に居を移すに際し、833（天長10）年にその守護社として創建。境内にあった神前の霊石で皇女・崇子内親王の疱瘡が治ったと言われ、以来、病気平癒の神として崇められました。江戸期にも歴代天皇が健康を祈願したと伝えられています。

厳かな黒地が印象的な御朱印帳には、角度によって金糸で刺繍された「六尺藤」がキラキラと輝き、美しく高級感が漂っています。また、境内にある還来（もどろき）神社は、古くから旅行の安全を祈る「還来信仰」として崇敬されてきました。祈願、御礼には「わらじ奉納」の慣わしが今も残されています。

［ 祀られている神様 ］

- 建御賀豆智命（たけつかづちのみこと）
- 伊波比主命（いわひぬしのみこと）
- 天児屋根命（あめのこやねのみこと）
- 比売神（ひめかみ）

＊住：京都府京都市右京区西院春日町61番地
＊T：075-312-0474
＊アクセス：阪急・京福電車「西院駅」より徒歩約3分
● 御朱印帳：2,000円

京都府

東山《とうざん》 建《けん》仁《にん》寺《じ》

表紙2

表紙1

▲ 建仁寺方丈障壁画「雲龍」が描かれている豪華な御朱印帳です。

［御朱印］

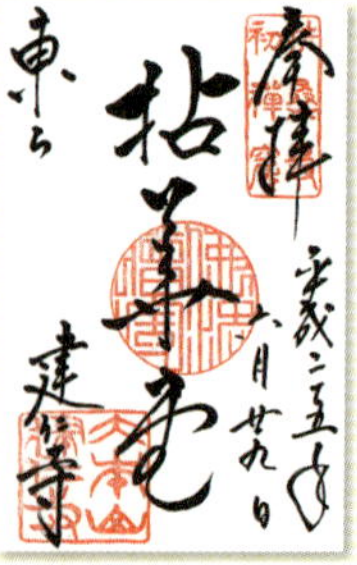

建仁寺方丈障壁画「雲龍」が圧巻

京都最古の禅宗本山寺院で臨済宗建仁寺派の大本山。栄西禅師を開山とし宋国百丈山を模して建立されました。室町時代以降、戦乱と幕府の衰退により荒廃しますが、安国寺恵瓊が方丈を移築し、徳川幕府のもと堂塔が再建修築されました。

御朱印帳の装丁画は、安土桃山時代から江戸時代にかけて活躍した海北友松作の「雲龍図」です。俵屋宗達の屏風画「風神雷神図」バージョンもあります。法堂では小泉淳作画伯の筆による天井画「双龍図」の拝観も行っています。108畳にも及ぶこの壮大な水墨画は大迫力で見どころいっぱいの禅寺として有名です。

［御本尊］

●御釈迦様（おしゃかさま）

✻ 住：京都府京都市東山区大和大路四条下ル小松町584番地
✻ T：075-561-0190
✻ アクセス：京阪電車「祇園四条駅」より徒歩約7分
● 御朱印帳：1,400円

裏表紙

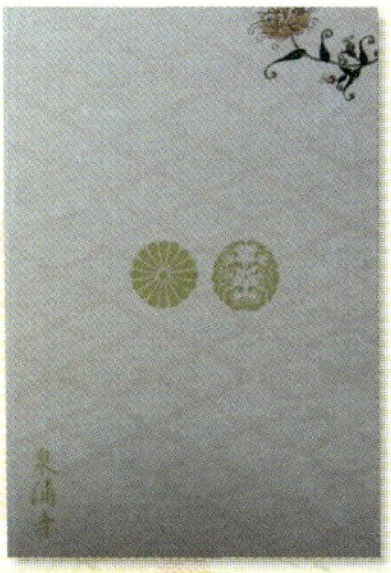

表紙

▲ 御座所の中にある玉座の間の違い棚や障壁に描かれた狩野永岳筆の優美な瑞鳥花弁図の絵柄が御朱印帳に使われています。

［御朱印］

京都府

東山《とうぜん》 泉《せん》涌《にゅう》寺《じ》

白地に瑞鳥花弁図の絵柄

月輪山の麓に佇む泉涌寺は、皇室の菩提所として、また諸宗兼学の道場として、壮麗な堂宇が甍を連ねる幽閉脱俗の仙境、清浄無垢の法城です。御座所の中の玉座の間に描かれた瑞鳥花弁図が白地の御朱印帳に使われています。

855（斉衡2）年左大臣藤原諸嗣が神修上人のために山荘を与えて寺となり仙遊寺としたことに由来します。月輪大師・俊芿が宇都宮信房よりこの聖地を寄進され、1226（嘉禄2）年に宋の法式を取り入れた大伽藍が完成。その時、寺地の一角から清水が涌き出たことにより泉涌寺と改められました。この泉は今も涸れることなく涌き続け長く信仰を集めています。

［御本尊］

●釈迦如来（しゃかにょらい）　仏教の開祖

●阿弥陀如来（あみだにょらい）　大乗仏教の如来

●弥勒菩薩（みろくぼさつ）

仏教では未来仏、大乗仏教では菩薩の一尊

＊住:京都府京都市東山区泉涌寺山内町27番地　＊T:075-561-1551

＊アクセス:JR東海道本線「京都駅」より車で約10分、奈良・JR「東福寺駅」より徒歩約15分

● 御朱印帳:1,200円

神奈川県

東《とう》慶《けい》寺《じ》

表紙

▲ 東慶寺男僧三世住職の佐藤禅忠和尚が描いた水墨画「水月観音様」を表紙にした御朱印帳です。

裏表紙

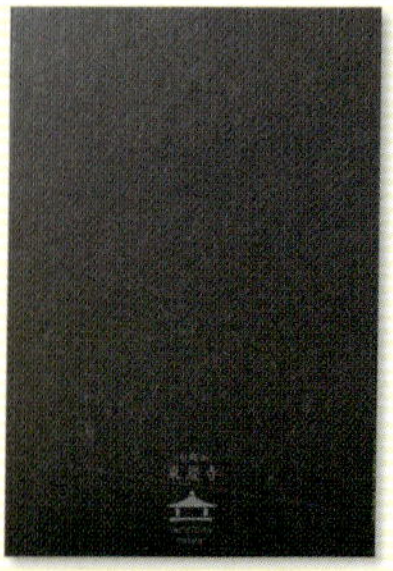

［御朱印］

佐藤禅忠和尚画の水月観音様が表紙

1285（弘安8）年、北条時宗夫人の覚山志道尼が開創しました。映画「駆込み女と駆出し男」の舞台となった縁切寺として知られる寺院です。御朱印帳には、自ら「空華道人」と称し、数多くの書や画を描いた佐藤禅忠和尚の「水月観音様」が表紙となっています。

女性の側から離婚できなかった時代、東慶寺に駆け込めば離縁できる女人救済の寺として、縁切りの寺法を引き継いできました。後に寺法は廃止、尼寺の歴史も1902（明治35）年に幕を閉じました。1905（明治38）年に釈宗演禅師が新たに禅寺としての歩みを始め、禅文化の発展の拠点となりました。

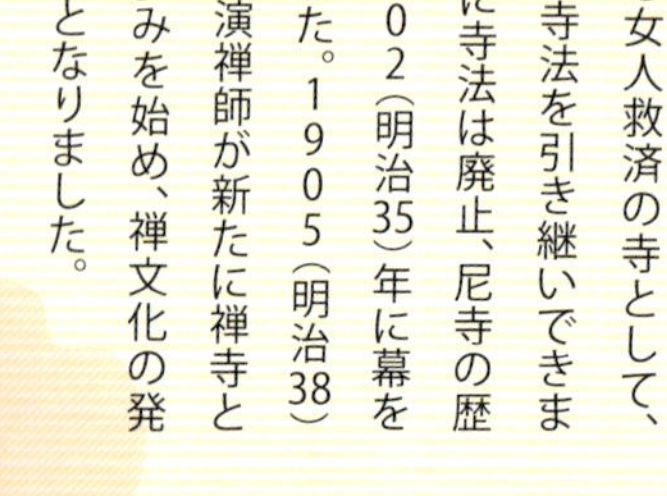

［御本尊］

●釈迦如来（しゃかにょらい）

寄木造りで玉眼入りの坐像が安置されている

＊住：神奈川県鎌倉市山ノ内1367番地
＊T：0467-22-1663
＊アクセス：JR横須賀線「北鎌倉駅」より徒歩約4分
● 御朱印帳：1,200円

裏表紙

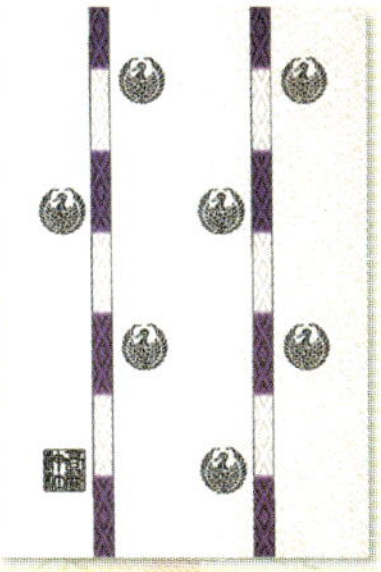

表紙

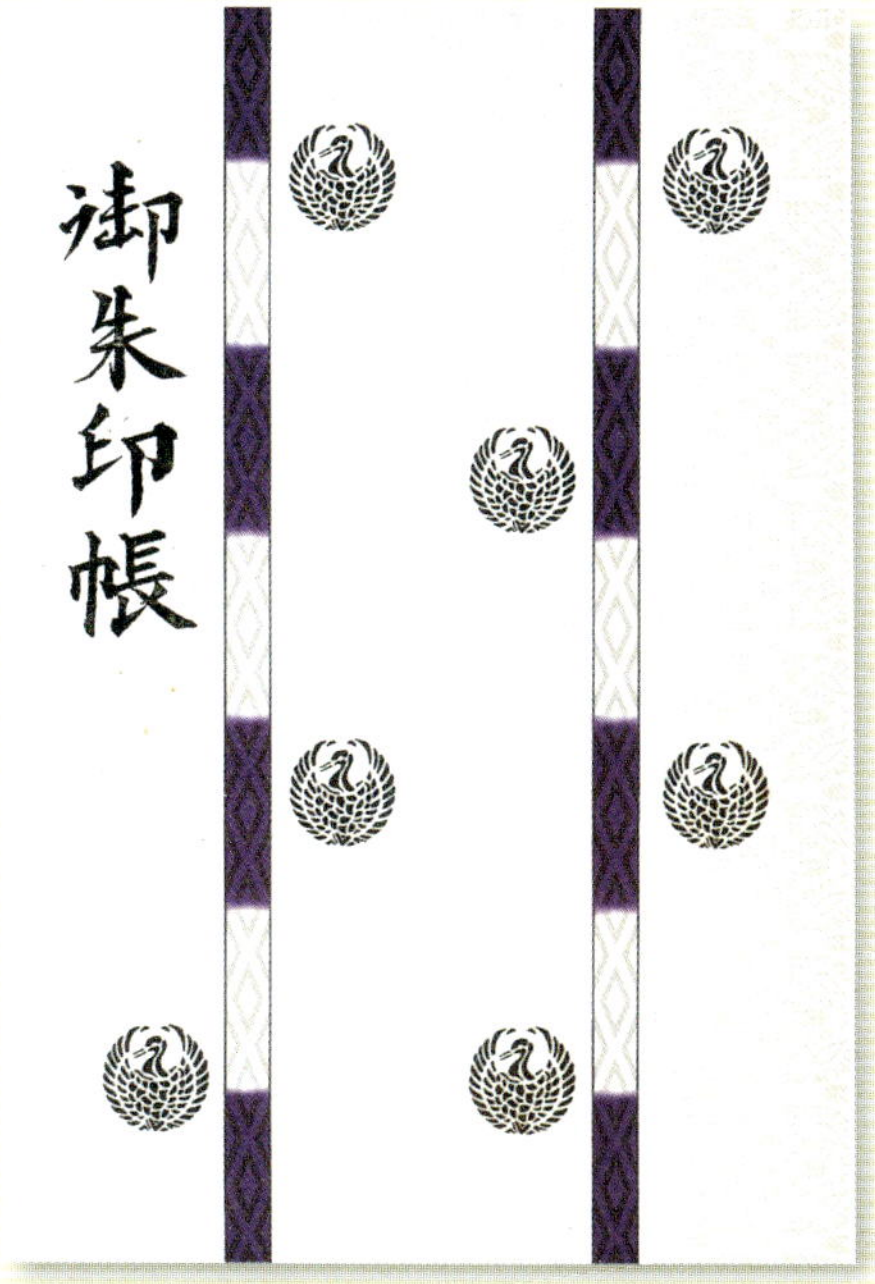

[御朱印]

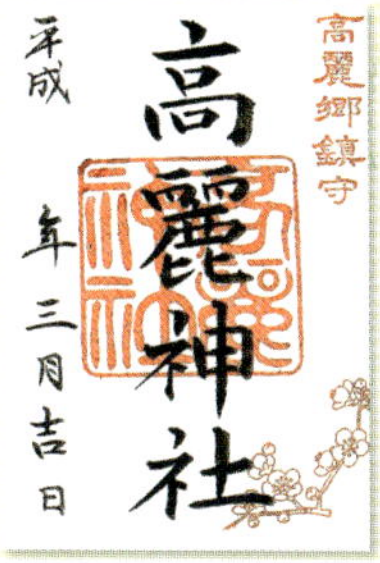

▲ 神紋の鶴がちりばめられた御朱印帳です。

埼玉県

高《こ》麗《ま》神《じん》社《じゃ》

出世明神として名高いパワースポット

今から1300年程前に、東国武蔵国高麗郡の開拓を指揮した高句麗の王族、高麗王若光を祀る神社です。若光の末裔が現在も宮司を務め若光から60代続く事から「子孫繁栄」に御利益があります。また、参拝した政治家の中から6人の総理大臣が誕生し「出世明神」とも呼ばれています。境内隣接地には約400年前に建てられた茅葺きの高麗家住宅があり、国の重要文化財になっています。御朱印には、境内に植わる草花の印（全14種類）が毎月変わり、押されます。社紋をあしらった風格ある御朱印帳を手に、境内の草花観賞と御朱印を楽しみに月参りする人も多い。

[祀られている神様]

● 高麗王若光（こまのこきしじゃっこう）
子孫繁栄の神様・家内安全の神様

＊住:埼玉県日高市新堀833番地
＊T:042-989-1403
＊アクセス:JR川越線・JR八高線「高麗川駅」より徒歩約20分、タクシー約5分
● 御朱印帳:1,300円

熊本県

青《あお》井《い》阿《あ》蘇《そ》神《じん》社《じゃ》

裏表紙

表紙

▲黒地に赤のラインと白龍というシンプルながらデザイン性の良さが光る御朱印帳です。

［御朱印］

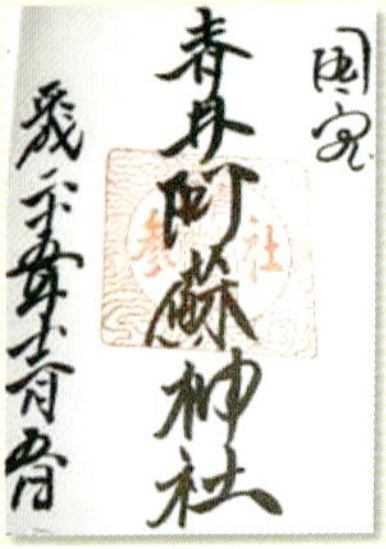

シンプルなのにインパクトがある

806（大同元）年に阿蘇神社の神主尾方権助大神惟基が神託により阿蘇三社の分霊を青井郷に祀ったのに始まると伝えられています。鎌倉時代から明治維新までの約700年に亘ってこの地を治めた相良家歴代当主の保護により度々改修が行われました。境内中央に南北に並んでいる5つの社殿は、初代人吉藩主相良長毎と重臣相良清兵衛の発起により、1610（慶長15）年から18年にかけて造営されたものです。茅葺の桃山様式の楼門は、華やかさと迫力を醸し出し圧倒的な存在感を示しています。

　龍の表情も見ていて楽しい、ハイセンスな御朱印帳です。

［祀られている神様］
- 健磐龍命（たけいわたつのみこと）
- 阿蘇津媛命（あそつひめのみこと）
- 國造速甕玉命（くにのみやつこはやみかたまのみこと）

開拓の守護神・阿蘇三社とも称される

＊住:熊本県人吉市上青井町118
＊T:0966-22-2274
＊アクセス:JR「人吉駅」より徒歩約5分
● 御朱印帳:1,500円

裏表紙

表紙

▲興福寺創建当初の瓦の文様をあしらったきれいな御朱印帳です。

［御朱印］

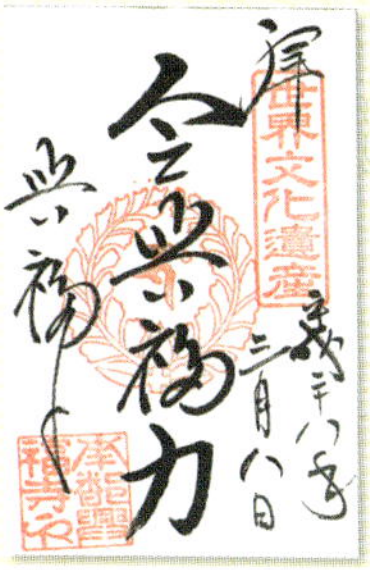

奈良県

法相宗大本山《ほっそうしゅうだいほんざん》 興《こう》福《ふく》寺《じ》

赤地に奈良時代の瓦の文様を図案化

藤原鎌足夫人の鏡女王が夫の病気平癒を願って、669（天智天皇8）年、山背国山階に創建した山階寺が起源です。672（天武天皇元）年に、寺は藤原京に移り、厩坂寺と称しました。710（和銅3）年の平城遷都に際し、鎌足の子不比等は寺を現在地に移転し、興福寺と名付けたと伝えられています。

赤い表装の御朱印帳は、興福寺創建当初の中金堂の瓦の文様をあしらったデザインで、色違いや南円堂と五重塔が描かれたバージョンもあります。興福寺は、藤原氏の祖・藤原鎌足とその子息不比等ゆかりの寺院で氏寺であり、古代から中世にかけて強大な勢力を誇りました。

［御本尊］

●釈迦三尊像（しゃかさんぞんぞう）

●弥勒三尊像（みろくさんぞんぞう）

●薬師三尊像（やくしさんぞんぞう）

●阿弥陀如来像（あみだにょらいぞう）

＊住：奈良県奈良市登大路町48番地

＊T：0742-22-7755

＊アクセス：近鉄電車「奈良駅」より徒歩約6分

●御朱印帳：1,000円

北海道

船《ふな》魂《だま》神《じん》社《じゃ》

裏表紙

表紙

▲ 船と波を描いたオリジナル御朱印帳です。

［御朱印］

北海道最古、開運導く神社

船魂神社の境内からは「巴港」と呼ばれる美しい港を見下ろすことができ、函館観光の中心地に鎮座する北海道最古の神社です。古くから船の守護神、海上安全、大漁祈願の神様として漁師や船乗りから崇敬されてきました。

また、北海道の各地に残された「義経伝説」にまつわる神社として知られています。鎌倉時代始め頃、津軽から北に向かう源義経を海難から助けこの地へ導いたのが船魂の大神でした。上陸した義経が飲み水を探していると忽然と岩の上に現れた童子が指を差し、その先にこんこんと清水が湧き出しました。境内にはその「童子岩」も祀られています。

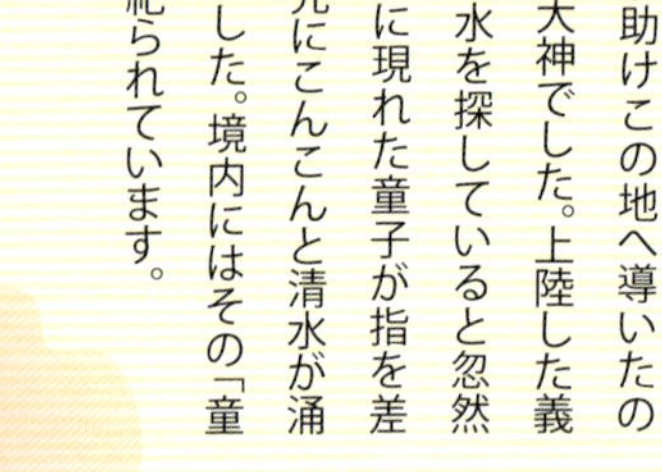

［ 祀られている神様 ］

- ●塩土老翁神（しおつちおじのかみ）
- ●大綿津見神（おおわたつのみのかみ）
- ●素戔嗚尊（すさのおのみこと）

＊住：北海道函館市元町7番2号
＊T：0138-23-2306
＊アクセス：市電「末広町電停」より徒歩約10分
● 御朱印帳：1,600円（御朱印料含む）

裏表紙

［御朱印］

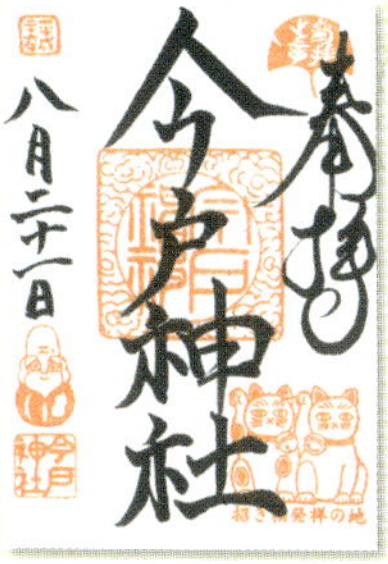

表紙

▲ 招き猫モチーフのとても可愛い御朱印帳です。

東京都

今《いま》戸《ど》神《じん》社《じゃ》

縁結びが有名な女性が多く訪れる神社

1063（康平6）年、京都の石清水八幡を勧請し、今戸八幡を創建したのが始まりです。1937（昭和12）年に、白山神社を合祀し、今戸神社と改称されました。

こちらの神社は招き猫発祥の地としても知られており、境内のいたるところに招き猫が置かれています。御朱印帳表紙には、今戸神社のシンボル招き猫が、裏表紙には御祭神である七福神の内の一神「福禄寿」が描かれ、とても可愛いデザインとなっております。

近年では縁結びが成就するパワースポットとして、女性の参拝が絶えません。新撰組の沖田総司終焉の地でもあり〝歴女〟も多く訪れるそうです。

［ 祀られている神様 ］

● 應神天皇（おうじんてんのう）
● 伊弉冉尊（いざなみのみこと）
● 伊弉諾尊（いざなぎのみこと）
● 福禄寿（ふくろくじゅ）
七福神の内の一神

＊住：東京都台東今戸1丁目5番22号
＊T：03-3872-2703
＊アクセス：地下鉄銀座線・浅草線「浅草駅」より徒歩約15分
● 御朱印帳：1,500円

埼玉県

川《かわ》越《ごえ》八《はち》幡《まん》宮《ぐう》

裏表紙

表紙

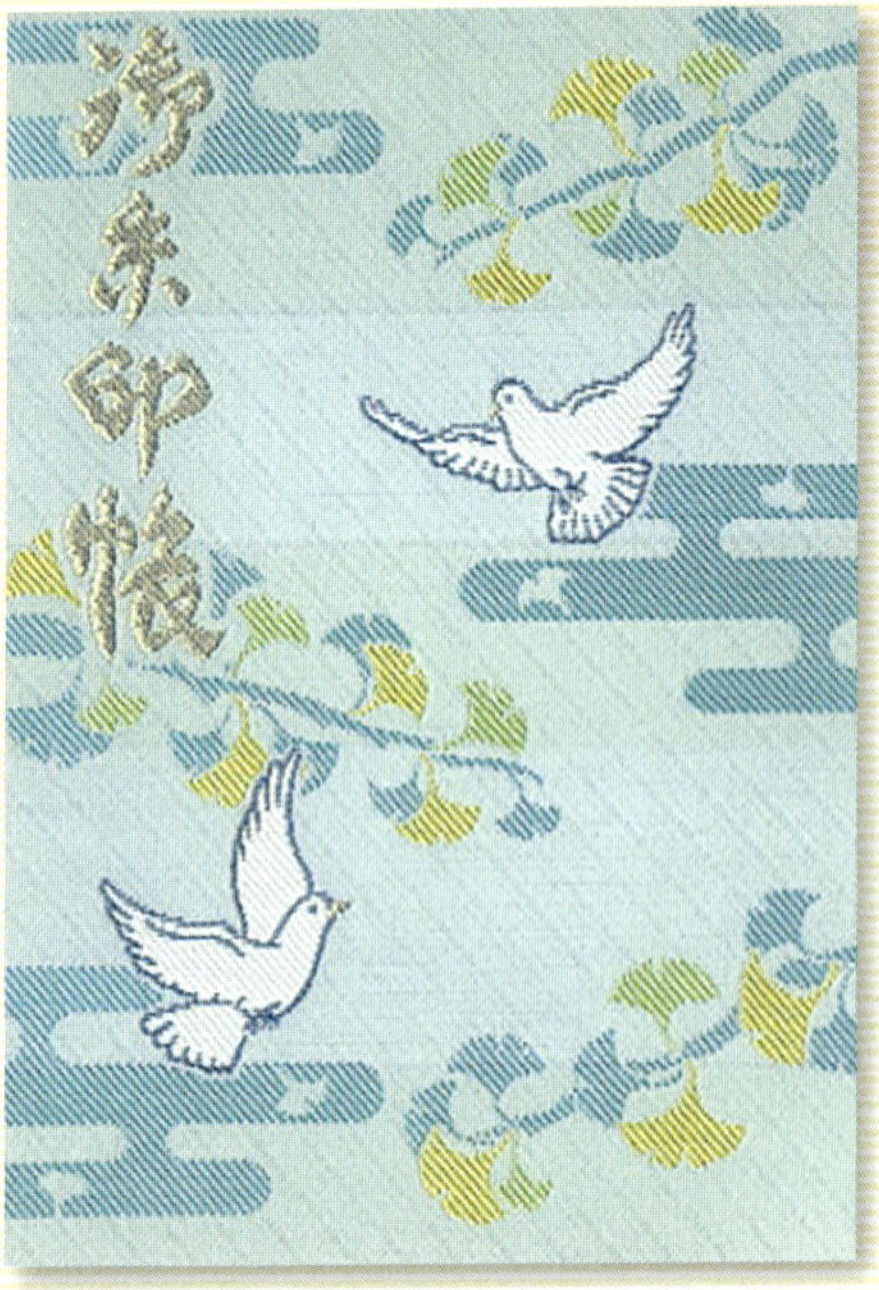

▲ 八幡宮の御神鳥として崇められてきた鳩が縁結び銀杏の葉と共に仲むつまじく舞う微笑ましい御朱印帳です。

やさしい銀杏の
色合いと楽し気な
白鳩が美しい

御神木の銀杏と八幡の白鳩が舞う

第68代後一条天皇の時代の1030（長元3）年に甲斐守源信によって創祀されたと伝えられています。1457（長禄元）年、川越城が完成し築城の名手だった太田道潅は当神社を篤く崇敬し、分霊を川越城内の守護神として奉斎し、歴代城主・城代の崇敬が深く、社殿の造営、神田、神宝の寄進が相次ぎました。

八幡宮の御神鳥として崇められてきた鳩が縁結び銀杏の葉と共に仲むつまじく舞う微笑ましい御朱印帳です。

［ 祀られている神様 ］

●応神天皇（おうじんてんのう）

母の愛情に勝るものはないという大愛の教え。慈愛の神様

＊ 住:埼玉県川越市南通町19-3　＊ T:049-222-1396

＊ アクセス:東武東上線・JR埼京線・有楽町線「川越駅」東口から徒歩約6分、西武新宿線「本川越駅」より徒歩約7分

● 御朱印帳:1,200円

東京都

谷保天満宮《やぼてんまんぐう》

裏表紙

表紙

▲ 青空をイメージし鮮やかな色を何色も使った女性に人気のデザインです。御朱印帳のサイズは大・小あります。

［御朱印］

学業の神様に参拝する学生で日々賑わう

東京都国立市甲州街道沿いにある神社。社伝によると、903（延喜3）年に菅原道真の三男、道武が父を祀る廟を建てたことに始まります。

1885（明治18）年には府社に昇格し東日本における天満宮としては最も古く、湯島天神、亀戸天神とならび関東三天神と称される。学業の神様を祀っていることで知られ、学生の参拝客が多い事でも有名な神社。1908（明治41）年8月、有栖川宮威仁親王の運転する「ダラック号を先頭に、国産ガソリン自動車「タクリー号」で、日本初のドライブツアーが行われ、谷保天満宮の梅林で昼食会が催されました。今も記念碑が残されています。

［ 主祭神 ］

● 菅原道真（すがわらのみちざね）

＊住：東京都国立市谷保5209
＊T：042-576-5123
＊アクセス：JR「谷保駅」より徒歩約3分
● 御朱印帳：1,500円（大）、1,300円（小） しおり付き

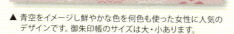

栃木県

芳《は》賀《が》天《てん》満《まん》宮《ぐう》

裏表紙

表紙

［御朱印］

▲西陣織で「紅白の梅」と「御神牛」をモチーフにした色彩・手触り等トップクラスの出来栄えです。

西陣織で完成度の高い美しさ

社伝によれば、鎌倉時代の1233（貞永2）年に創立されたと伝えられております。古くは山城国の北野天満宮にあって北原天神と称しました。宇都宮頼綱の四男で多功城を築く宇都宮石見守宗朝の11代子孫、秀朝が1558（永禄元）年に修覆を加えました。明治維新より神社名を天満宮と改称し10ヶ村の郷社となりました。

御朱印帳は京都西陣織製で「紅白の梅」と「御神牛」をモチーフにした色彩・手触り等トップクラスの完成度の高い見事な出来栄えです。プリントではなく刺繍を施しているので立体感も感じられ、思わず見とれてしまいます。

［祀られている神様］

●菅原道真公（すがわらみちざねこう）

学問の神様として有名で全国から参拝客が訪れ、合格祈願の列ができるほど

＊住：栃木県芳賀郡芳賀町西水沼1723
＊T：028-678-1138
＊アクセス：JR「宇都宮駅」よりバスで約20分
●御朱印帳：2,000円

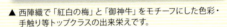

京都府

護《ご》王《おう》神《じん》社《じゃ》

表紙

裏表紙

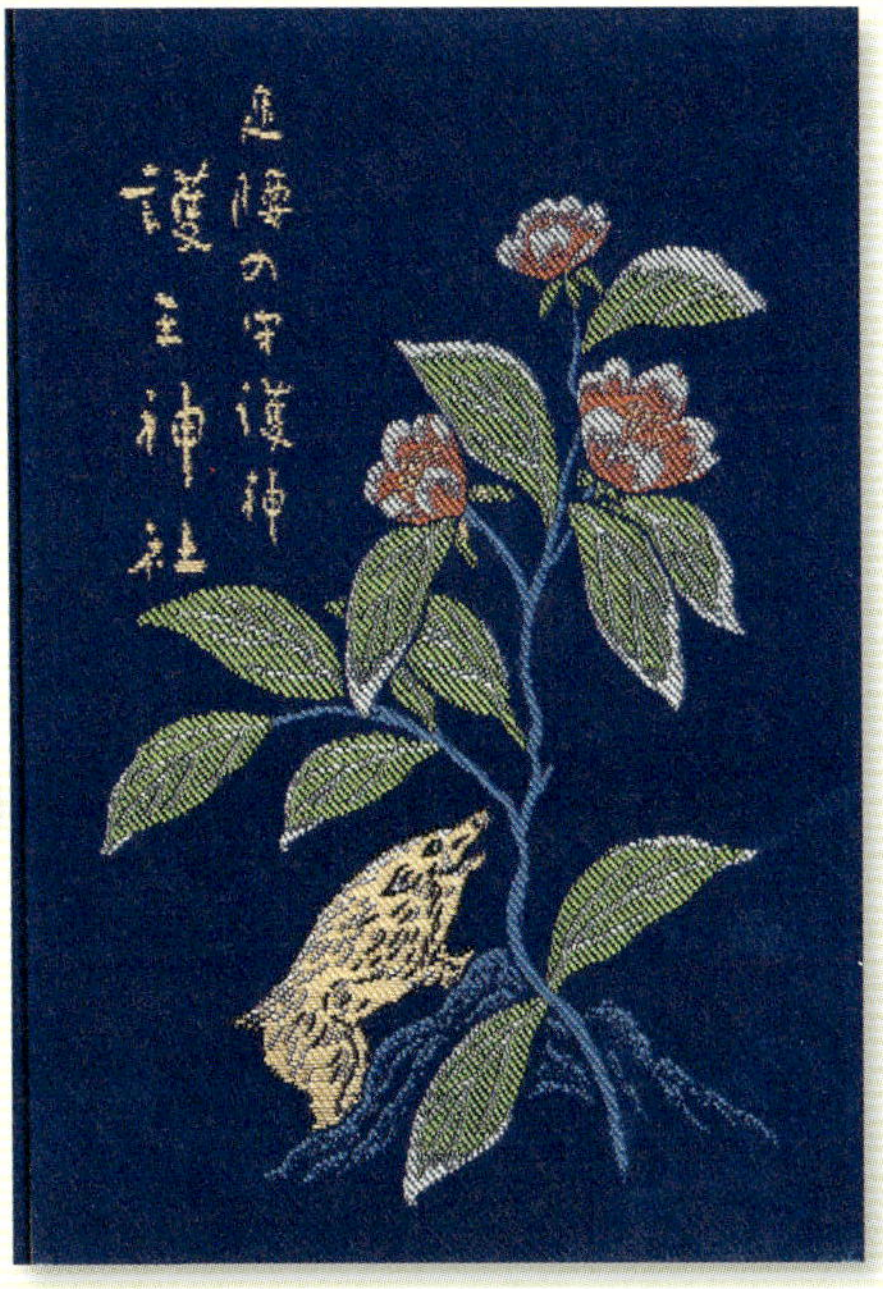

▲ 御神木のカリンの木の花と猪が描かれたメルヘンチックな御朱印帳です。

足腰の守護の
ご利益を求めて、
全国から多くの
参拝者が

御神木のカリンと猪がメルヘンチック

高尾山神護寺の境内に清麻呂公の霊社として創始され、明治天皇により京都御所西の現在地に遷座しました。

足を痛めた清麻呂公の災難を救った由緒により狛猪が建てられており、足腰の神として親しまれています。本殿に向かって右側の「足萎難儀回復の碑」には、足腰の病気やけがの回復を願って多くの方がご祈願に来られ、参拝者は足形の石の上に乗ったり、碑をさすったりして祈願します。暗い背景に御神木のカリンの花と猪が浮かび上がる印象的な御朱印帳です。

[祀られている神様]

● 和気清麻呂公命(わけのきよまろこうのみこと)
平安遷都に尽力した

他3柱

✻ 住:京都府京都市上京区烏丸通下長者町下ル桜鶴円町385
✻ T:075-441-5458
✻ アクセス:地下鉄烏丸線「丸太町駅」より徒歩約7分
● 御朱印帳:1,700円

東京都

塩《しお》船《ぶね》観《かん》音《のん》寺《じ》

［御朱印］

表紙

▲ つつじが散りばめられた2色のオリジナル御朱印帳。若さと美貌にご利益があるといわれるだけに女性に大人気です。

「若さ」と「美貌」にご利益があるお寺

真言宗醍醐派の別格本山で、総本山は京都山科にある醍醐寺、聖宝理源大師によって開かれたお寺。地名からつけられた塩船とは、周囲の地形が小丘に囲まれ舟の形に似ており、仏が衆生を救おうとする大きな願いの舟である『弘誓の舟』になぞらえて塩船と名づけられたといわれています。

4月中旬から5月上旬に咲く「つつじ」は1万7千本と言われ、春はこのつつじを見に全国から多くの人で賑わっており、御朱印帳にも描かれています。また境内に立つ樹齢千年を超える二本の大きな杉の木は「夫婦杉」と呼ばれカップルや夫婦にご利益があるとされている神社です。

［御本尊］

●十一面千手観音（じゅういちめんせんじゅかんのん）

＊住:東京都青梅市塩船194番地　＊T:0428-22-6677

＊アクセス:JR青梅線「河辺駅」下車、
西東京バス・都バス「塩船観音入口」下車、徒歩約10分

● 御朱印帳:1,200円

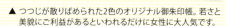

神奈川県

大山《おおやま》阿《あ》夫《ふ》利《り》神社《じんじゃ》

裏表紙

表紙

▲ 表紙にはしだれ桜とまるで子犬のような狛犬が描かれ、裏表紙のデザインは紅葉をバックに駒が回っているようすが表現されています。

［御朱印］

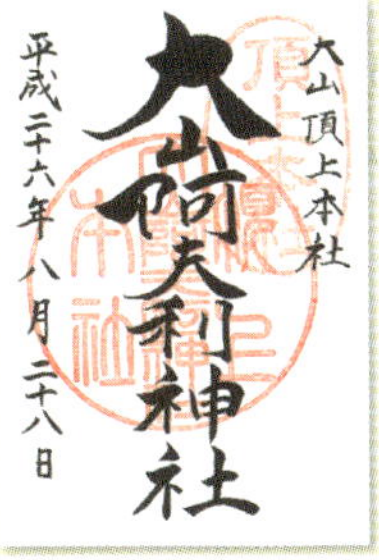

かわいい狛犬が描かれた御朱印帳が人気

今から2200余年以前の人皇第十代崇神天皇の御代に創設されました。関東総鎮護の霊山として崇敬を集め、神仏習合の霊山として栄え、国幣の社となりました。大山は、別名「あめふり山」とも呼ばれ、古来より雨乞い信仰の中心としても広く親しまれています。

オリジナルの御朱印帳は2種類あり、大山を背景に拝殿が描かれたデザインのほか、狛犬と駒を配したピンクのかわいい御朱印帳も人気です。

また、江戸時代に「大山詣り」と呼ばれて人気を博した参詣は、古典落語の中で語られ、著名な浮世絵師による浮世絵がたくさん残されています。

［祀られている神様］

● 大山祇大神（おおやまつみのおおかみ）
山の神・水の神・産業、海運の神・酒造の祖神

● 高龗神（たかおかみのかみ）　祈雨・止雨の神

● 大雷神（おおいかずちのかみ）　火災・盗難除けの神

＊住:神奈川県伊勢原市大山355　＊T:0463-95-2006

＊アクセス:小田急線「伊勢原駅」より神奈川中央交通バス乗車、「大山ケーブル駅」より徒歩約15分

● 御朱印帳:1,200円

千葉県

千《ち》葉《ば》神《じん》社《じゃ》

［御朱印］

表紙

▲左上に輝く北極星と天の川が鮮やかに描かれた星空をイメージした御朱印帳です。

人間の悪い星を取り除き、善い星へと導いていただけるとされています

星の神様に願いを込める参拝客が後を絶たない

平安時代末期、関東南部を広く統治し、常に大勝利を収めていた平良文（たいらのよしぶみ）を祖とする千葉氏は一族郎党の守護神として妙見様を各地にお祀りし、代々熱烈な信仰を捧げてきた。

千葉氏の3代目である平忠常（たいらのただつね）の頃に建てられた祠に、眼の病気を患った第66代一条天皇が眼病平癒の願を掛けたところ、即座に病が完治したことから、一条天皇に「北斗山金剛授寺」という寺号をもらい、1000（長保2）年「北斗山金剛授寺」を中興開山し現在に至る。境内にある「願い橋」「かない橋」「御力石」など観光客が絶えない見どころがたくさんある。

［祀られている神様］

●北辰妙見尊星王（ほくしんみょうけんそんじょうおう）

✻住：千葉県千葉市中央区院内1丁目16番1号
✻T：043-224-2211
✻アクセス：JR京成千葉線「千葉駅」より徒歩約10分
●御朱印帳：1,500円

愛知県

知《ち》立《りゅう》神《じん》社《じゃ》

［御朱印］

表紙

▲ 境内にある神池を連想させる紫の菖蒲が描かれた御朱印帳です。

旅行の前などに
安全を願う人々が
参拝する神社です

東海道を旅する人々に崇められた歴史ある神社

東海道53次で39番目の宿場町で東海道を往来する旅人には「まむし除け」のご神徳で知られ、各地にご分社ご分霊が勧請されました。害をなす生き物から人々を守り、旅行の安全などのご利益があるとされています。

三河国二宮として国司の祭祀を受け、江戸時代には東海道三社の一つに数えられており、1509（永正6）年重原城主山岡伝兵衛によって再建された多宝塔（二重塔）は今も健在です。明治時代の廃仏毀釈を生き延びた神社における仏塔は全国的にも数少なく、国の重要文化財建造物に指定されております。

［祀られている神様］

●鸕鶿草葺不合尊（うがやふきあえずのみこと）

＊住:愛知県知立市西町神田12
＊T:0566-81-0055
＊アクセス:名鉄名古屋本線「知立駅」下車徒歩約12分
● 御朱印帳:1,500円

裏表紙

表紙

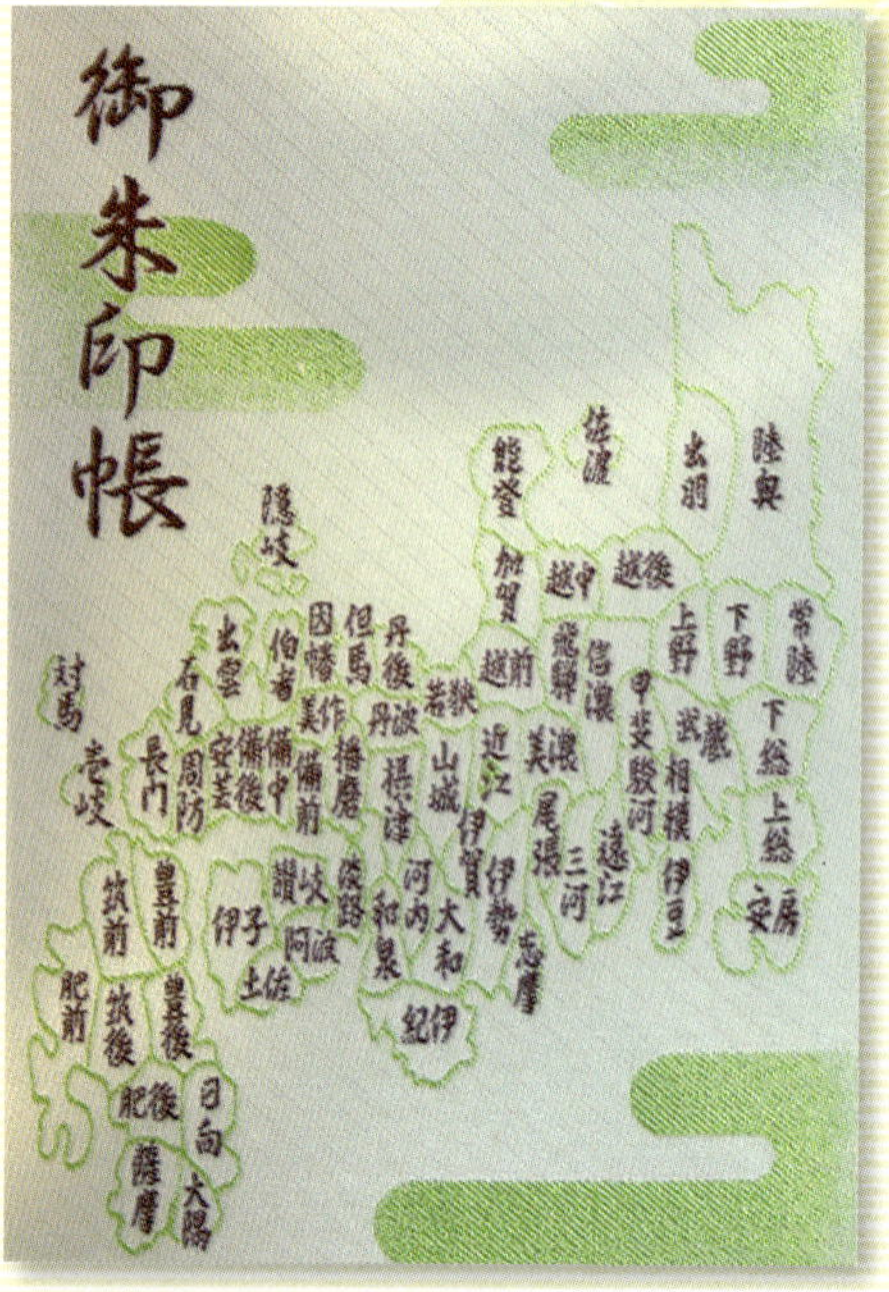

▲ 総社が置かれた旧国名が記されている御朱印帳が歴史を感じさせます。

［御朱印］

東京都

大《おお》國《くに》魂《たま》神《じん》社《じゃ》

奇祭でも知られる武蔵国の守り神

創建は1900年も前のことで、この地を開拓したと伝わる大國魂大神を主祭神としてお祀りしています。武蔵国の総社でもある大國魂神社のご利益は、厄払いや縁結びなどが有名です。御朱印帳は全国総社会で作られ、表紙には総社が置かれた旧国名が記されているとても珍しい御朱印帳になっています。

日頃から多くの人で賑わっている大國魂神社は、毎月のようにお祭りが行われ、広い境内いっぱいに露店が並ぶことで知られていますが、なかでも関東三大奇祭とも言われている「くらやみ祭」は大変な賑わいです。

［ 祀られている神様 ］

- 大國魂大神（おおくにたまのおおかみ）
- 小河大神（おがわのおおかみ）
- 秩父大神（ちちぶのおおかみ）
- 杉山大神（すぎやまのおおかみ）
- 国内諸神（こくないしょしん）
- 小野大神（おののおおかみ）
- 氷川大神（ひかわのおおかみ）
- 金佐奈大神（かなさなのおおかみ）
- 御霊大神（ごりょうのおおかみ）

＊住：東京都府中市宮町3丁目1番　＊T：042-362-2130
＊アクセス：京王線「府中駅」、JR「府中本町駅」より徒歩約5分
● 御朱印帳：1,500円

裏表紙

表紙

▲ 御朱印帳には石見神楽と素盞嗚尊がデザインされています。不定期で横尾忠則氏デザインの御朱印帳も数量限定で頒布されています。

［御朱印］

埼玉県

鎮守《ちんじゅ》 氷《ひ》川《かわ》神《じん》社《じゃ》

強い力を持つ スサノオが描かれる

２０１５（平成27）年高松宮殿下記念世界文化賞絵画部門を受賞し、世界が絶賛する横尾忠則氏の当社オリジナルポスター「スサノオ」を元に西陣織にて縫製された貴重な御朱印帳。

氷川神社の創建は応永年間と伝えられています。武蔵国の古社で、古来より幾度か社殿を修復し再建されましたが、１８８４（明治17）年に本殿と拝殿を再建。その後も大正時代の大震災で倒壊した拝殿、鳥居を再建。１９８６（昭和61）年には、氏子崇敬者の御奉賛により新社殿御造営大事業が成されました。主祭神が夫婦神であることから、縁結び、夫婦和合、安産、子育ての御神徳があるとされています。

［ 祀られている神様 ］

● 素盞嗚尊（すさのおのみこと）
八岐の大蛇を退治したことから厄祓い・厄除けの霊験あり

● 櫛稲田姫命（くしなだひめのみこと）
素盞嗚尊に八俣の大蛇から救われ、後に妻となった五穀豊穣・美の神様

✻ 住：埼玉県川口市青木5丁目18番48号
✻ T：048-252-5483
✻ アクセス：JR京浜東北線「西川口駅」より徒歩約25分
● 御朱印帳：2,500円

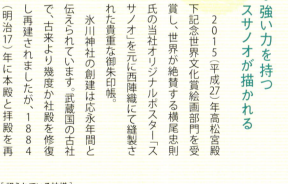

裏表紙

表紙

▲ 樹齢数百年の杉の巨木と澄みきった空気を感じさせる御朱印帳です。

［御朱印］

長野県

寶積山《ほうしゃくさん》 光《こう》前《ぜん》寺《じ》

樹齢数百年の杉と緑に囲まれた境内

860（貞観2）年、太田切黒川の瀑の中より不動明王の尊像を授かった本聖上人によって開山されました。樹齢数百年の杉の巨木に囲まれた境内には十余棟の堂塔を備え、南信州随一の祈願霊場として広い信仰を集めています。緑に囲まれた境内の空気が感じられる御朱印帳の表装が印象に残ります。

昔、光前寺で飼われていた早太郎という山犬が、静岡県磐田にて村の娘をさらう悪いヒヒと戦い退治して、傷を負いながらも寺にたどり着き、一声高く吠えて息を引き取ったという伝説が残されています。本堂の横にはその早太郎のお墓も祀られています。

［御本尊］

●本上聖人（ほんじょうしょうにん）

南信州随一の祈願霊場として広い信仰を集める

＊住：長野県駒ヶ根市赤穂29番地

＊T：0265-83-2736

＊アクセス：JR「駒ヶ根駅」よりロープウェイ線バスで「切石公園下」より徒歩約10分

● 御朱印帳：2,300円

千葉県

下総《しもうさ》之《の》國《くに》神祇《じんぎ》三社《さんしゃ》 検《け》見《み》川《がわ》神《じん》社《じゃ》

裏表紙

表紙

［御朱印］

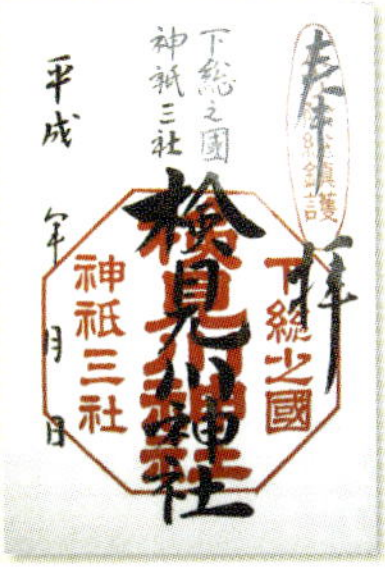

▲ 江戸湾最大の保有数を誇った検見川の打瀬船を配したオリジナルの御朱印帳は、ピンクと薄紫色の二つが用意されています。

江戸湾を賑わせた検見川打瀬船の群れ

御朱印帳には江戸湾最大の保有数を誇った検見川の打瀬船を配し、色はピンクと薄紫色の2種類を頒布しています。

神社の創祀は約1200年前の平安時代前期、第56代清和天皇の御代にまで遡ります。人臣として初めての摂政である藤原良房が、清和天皇の外祖父として実権を掌握し、養子基経と共に摂関政治を確立しました。この天皇の御宇である869（貞観11）年、全国に流行した疫病を鎮めるため、下総国で素盞嗚尊が祀られ、災厄消除を祈った場が嵯峨と呼ばれていた当地でした。以来、国家単位の災いをも取り除くほどの神威を轟かせる神社として知られています。

［祀られている神様］

● 宇迦之御魂神（うかのみたまのかみ）
穀物の神で、宇迦は穀物や食物を意味する

● 素盞嗚尊（すさのおのみこと）
伊弉冉尊の子。日本書紀の八岐大蛇退治で知られる

他1柱の神を合祀

＊住：千葉県千葉市花見川区検見川町1番1号　＊T：043-273-0001
＊アクセス：JR総武本線「新検見川駅」より徒歩約6分、京成電鉄千葉線「検見川駅」より徒歩約1分
● 御朱印帳：1,200円

神奈川県

寒《さむ》川《かわ》神《じん》社《じゃ》

裏表紙

表紙

▲ 夜空に浮かぶ北斗七星と天体の位置測定に用いられる器械の渾天儀を配し、裏表紙には鬼門などを明記した方位盤がレイアウトされています。

［御朱印］

北斗七星や渾天儀と方位盤をデザイン

関八州鎮護の神として古くからこの地方の名祠と崇められてきました。八方除の神社として知られ、御朱印帳の表紙には、北斗七星と天体の位置測定に用いる器械の渾天儀を、裏には方位盤がデザインされています。

具体的な創祀年代は不明ですが、総国風土記によると約1600年前の雄略天皇の御代に幣帛を奉納せられたとあり、当時すでに関東地方における著名な神社として遠近に知られていたようです。延喜式神名帳によれば、相模国13社のうち唯一の名神大社とされています。後に源頼朝、北條義時、武田信玄などの武将や徳川家代々の篤い信仰を受けたと伝えられています。

［ 祀られている神様 ］

●寒川比古命（さむかわひこのみこと）・寒川比女命（さむかわひめのみこと）

二柱を合わせて寒川大明神と奉称している。

地相・家相・方位・日柄・厄年などに由来する、全ての禍事・災難を取り除き円満な日々をもたらす、全国唯一の八方除の守護神として崇敬される

＊住：神奈川県高座郡寒川町宮山3916

＊T：0467-75-0004

＊アクセス：JR相模線「宮山駅」より徒歩約5分

● 御朱印帳：1,500円

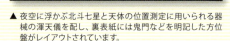

千葉県

佐《さ》倉《くら》藩《はん》総《そう》鎮《ちん》守《じゅ》 麻《ま》賀《か》多《た》神《じん》社《じゃ》

表紙

▶表紙を上にした珍しいレイアウトで、描かれているのは御例祭で「明神祭り、さらば久しい」の掛け声で渡御される県内最大級の大神輿。

裏表紙

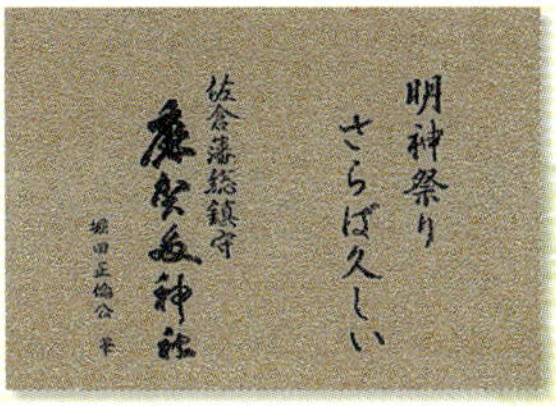

［御朱印］

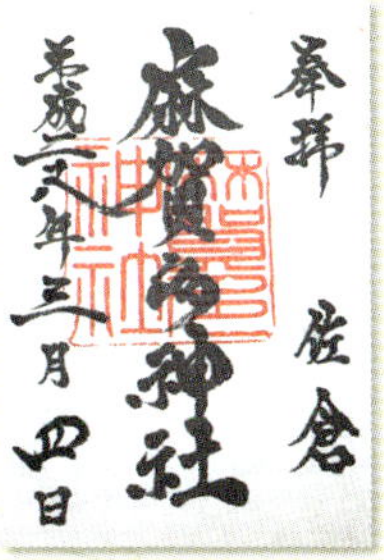

明神祭りで渡御する県内最大級の大神輿

旧佐倉藩の総鎮守で、古くから「まかたさま」と親しまれ、この地方の人々に崇敬されてきました。御朱印帳の絵柄には、10月の御例祭「明神祭り」で渡御される県内最大級の大神輿が描かれています。

麻賀多神社は佐倉市内の11社を始め、隣接する酒々井町や成田市など印旛沼の東側から南の地域のみに存在する珍しい名前の神社。御鎮座は佐倉地方開闢の頃と伝えられます。創建は不明ですが、約1050年前に完成した政令集「延喜式」の巻第九、下総国の項に麻賀多神社の名が見られます。なお、現在の社殿は1843（天保14）年に建て替えられました。

［ 祀られている神様 ］

●稚産霊命（わかむすびのみこと）

伊勢神宮外宮の御祭神「豊受姫命」の御親神。人、万物、事業の生成、発展を見守る神様

✻住:千葉県佐倉市鏑木町933番地1 佐倉城趾公園入　✻T:043-484-0392

✻アクセス:JR総武本線線「佐倉駅」より徒歩約15分、京成電鉄本線「京成佐倉駅」より徒歩約15分

● 御朱印帳:1,300円

裏表紙

表紙

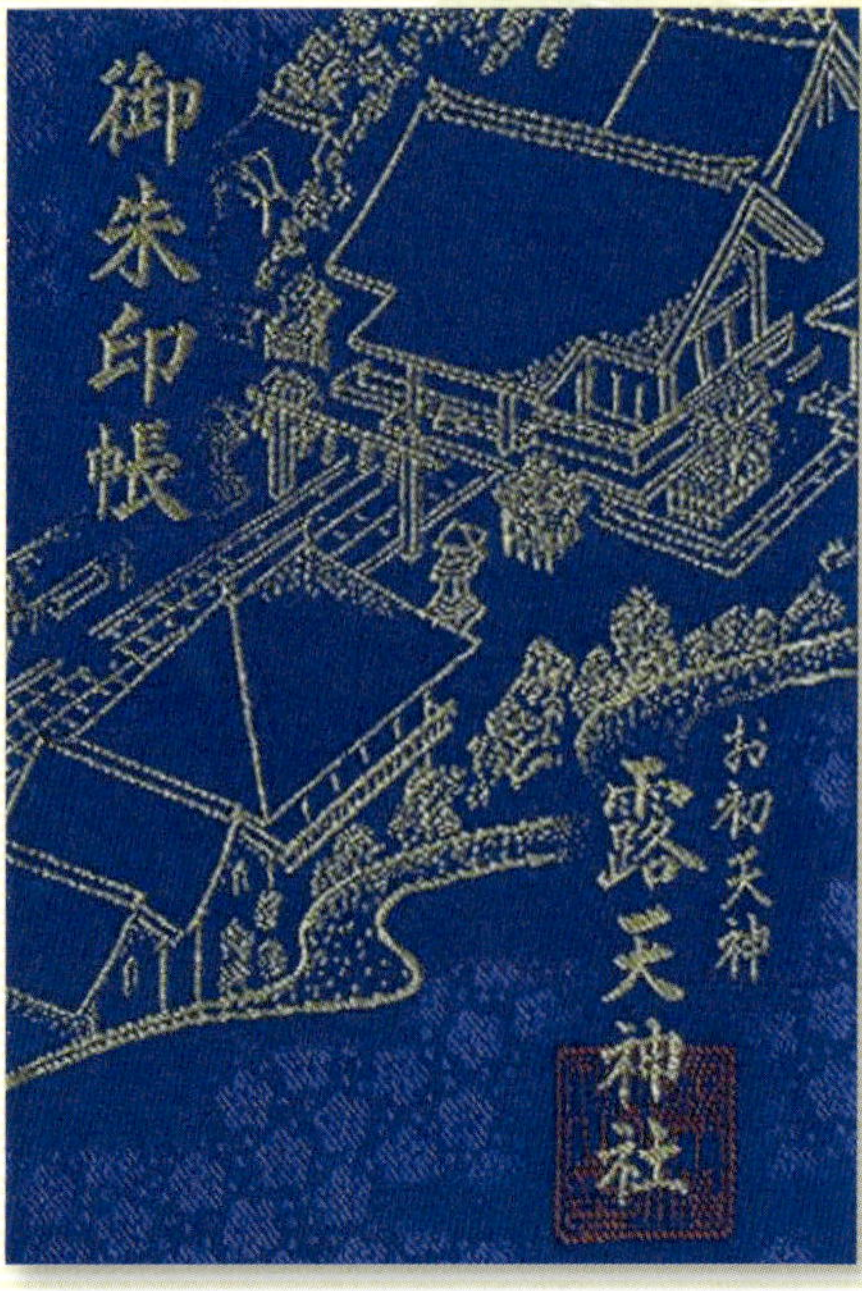

▲ 神社の境内の俯瞰図と曽根崎心中の一場面が描かれた印象的なデザインです。

［御朱印］

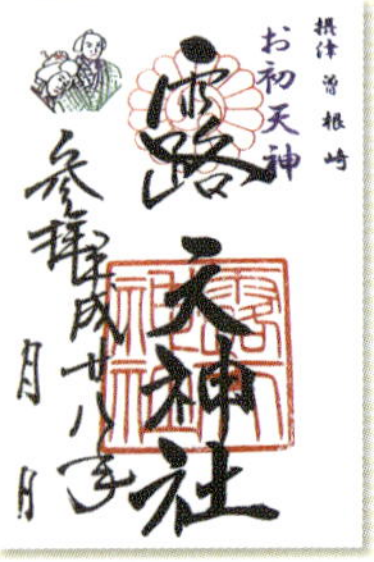

大阪府

露《つゆの》天《てん》神《じん》社《じゃ》

曽根崎心中の一場面 印象的な構図

創建以来1300年の歴史を持つ古社で、曽根崎・梅田地域の総鎮守として現在も崇敬を集めます。創建年代は定かではありませんが、文徳天皇の850（嘉祥3）年にまで遡る事ができ、6世紀の欽明天皇の頃には形が整っていたとされることから、起源もその頃と推察できます。南北朝には曽根洲も順次拡大し、地続きの曽根崎となりました。

神社の境内の俯瞰図と、曽根崎心中の一場面が描かれた印象的なデザインの御朱印帳は、鮮やかなブルーに金の刺繍も素晴らしいものです。

［ 祀られている神様 ］

- 少彦名大神（すくなひこなのおおかみ）
- 大己貴大神（おおなむちのおおかみ）
- 天照皇大神（あまてらすすめおおかみ）
- 豊受姫大神（とようけひめのおおかみ）

他１柱の神を合祀

＊住：大阪府大阪市北区曽根崎2丁目5番4号
＊T：06-6311-0895
＊アクセス：JR「大阪駅」より徒歩約8分
● 御朱印帳：2,000円（朱印付）

東京都

北《きた》澤《ざわ》八《はち》幡《まん》神《じん》社《じゃ》

裏表紙

表紙

［御朱印］

▲ 緑に囲まれた境内と拝殿、ガールスカウトによって華麗に奉納される舞楽「胡蝶」をデザインした美しい御朱印帳です。

表紙には境内と拝殿 裏は巫女舞の胡蝶

文明年間1469~84年、世田谷北辺の守護神として、当時の世田谷城主だった吉良家の勧請により創建されました。直後に家臣が土着して同村を開墾し始めたと伝えられています。、下北沢地区の歴史とともに歩み世田谷七沢八幡随一といわれた立派さを現在に伝えています。

御朱印帳の表紙には、樹齢を重ねた樹木が茂る境内と拝殿、裏表紙には例祭でガールスカウトにより奉納される舞楽「胡蝶」が美しくデザインされています。現在の社殿は1984（昭和59）年に新築、産土社の社殿は1852（嘉永5）年に造られた北澤八幡の旧社殿が転用されています。

［ 祀られている神様 ］

●応神天皇（おうじんてんのう）
父は仲哀天皇、母は神功皇后で父の死後生まれ胎中天皇とも称される

●神功皇后（じんぐうこうごう）

●比売神（ひめかみ）

●仁徳天皇（にんとくてんのう）

＊住：東京都世田谷区代沢3丁目25番3号
＊T：03-3422-1370
＊アクセス：小田急線・京王井の頭線「下北沢駅」より徒歩約12分
● 御朱印帳：2,000円（御朱印料含む）

東京都

江《こう》東《とう》亀《かめ》戸《いど》天《てん》祖《そ》神《じん》社《じゃ》

裏表紙

［御朱印］

表紙

▲ 毎年9月の例大祭に行なわれる神事「歩射」のようすが描かれた御朱印帳。凛とした雰囲気が伝わってくるような趣ある絵柄です。

徒歩で弓を射る神事 歩射のようすを描く

創建は推古天皇の御代の天正年間に、疫病が大流行したことから織田信長が使者を参向させて、流鏑馬式を奉納したと伝えられています。以降、恒例となった流鏑馬式ですが、現在は馬場の確保ができなくなったため、秋の例大祭では氏子児童を選出して、徒歩《かち》で弓を射る「歩射《びしゃ》」が行なわれています。輝くような緑地の御朱印帳には、凛とした雰囲気の「歩射」のようすが描かれています。

現社殿は戦火の中、東都にて唯一焼失を免れて何百人もの命を救いました。また、亀戸七福神の福禄寿としても知られ、樋口一葉の「たけくらべ」にも登場する神社としても有名です。

［祀られている神様］

●天照皇大御神（あまてらすおおみかみ）
太陽の神様。太陽を神格化した神であり、皇室の祖神の一柱とされる

＊住：東京都江東区亀戸3丁目38番35号　＊T：03-3681-3042
＊アクセス：JR総武線「錦糸町駅」または「亀戸駅」より徒歩約15分、都営浅草線「京成押上駅」より徒歩約10分
● 御朱印帳：1,200円

裏表紙

表紙

▲ 日本の甲冑の約4割が集まっているといいます。紫地に兜が戦いの後のように静かに置かれています。

［御朱印］

愛媛県

大《おお》山《やま》祇《づみ》神《じん》社《じゃ》

紫地に兜が凛と置かれた上品な構図

全国の山祇神社、三島神社の総本社で、およそ2600年くらい前、神武天皇御東征に先駆けて、大山積大神の子孫小千命が先駆者として伊予二名国（四国）に渡り瀬戸内海の治安を司どっていた時芸予海峡の要衝である御島（大三島）を神地と定め鎮祭した事に始まります。

大山祇神社は、瀬戸内海のなかでも特に景勝の地である芸予海峡の中央に位置しています。大小の島々に囲まれた国立公園大三島に日本最古の原始林社叢の楠群に覆われた境内に鎮座しています。御朱印帳には上品な中にも力強さを感じさせるデザインになっています。

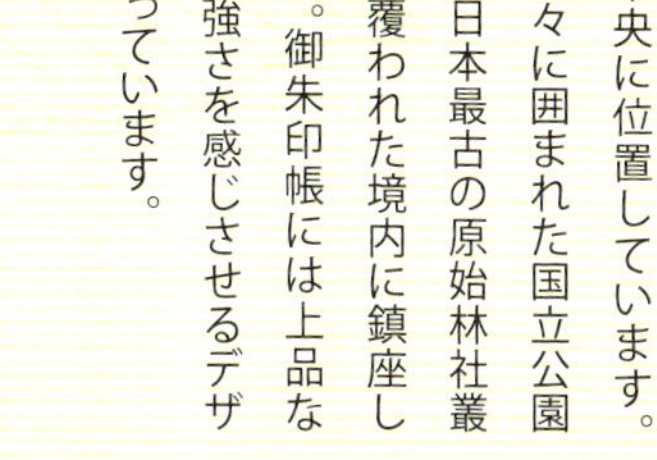

［ 祀られている神様 ］

●大山積大神（おおやまづみのかみ）

天照大神の兄神にあたる。我が国建国の大神である

＊住：愛媛県今治市大三島町宮浦3327

＊T：0897-82-0032

＊アクセス：JR「今治駅」より大三島線急行バスで「大山祇神社前」下車徒歩約3分

● 御朱印帳：1,000円

静岡県

大《おお》井《い》神《じん》社《じゃ》

［御朱印］

表紙

▲ 地元名物「帯祭り」をイメージした鮮やかな帯色が描かれている御朱印帳です。

旅行安全、交通安全の神として篤い信仰を寄せられています

御祭神が女神様であらせられる神社

創建不詳といわれているが、865（貞観7）年『授駿河国正六位上大井神社従五位下』駿河国正六位上大井神社に従五位下を授く）との記載があります。

御祭神が三柱共に女神様であらせられることから、昔から安産の神、女性や子どもの守護神として幅広く信仰されております。また、生命生産の神、お清めの神・お祓いの神、そして江戸時代参勤交代の大名や、飛脚が旅の安全を祈願したことから、旅行安全、交通安全の神として篤い信仰を寄せられています。地元名物で日本三奇祭といわれる「帯祭り」にちなみ刀に帯を掛けた模様が特徴の御朱印帳です。

［祀られている神様］

- 彌都波能売神（みづはのめのかみ）
  水の神
- 波邇夜須比売神（はにやすびめのかみ）
  土の神
- 天照大神（あまてらすおおかみ）
  日の神

＊住：静岡県島田市大井町2316番地
＊T：0547-35-2228
＊アクセス：東名高速道路「吉田IC」を下りて左折、約15分
● 御朱印帳：1,200円

東京都

子《こ》安《やす》神《じん》社《じゃ》

―――［御朱印］―――

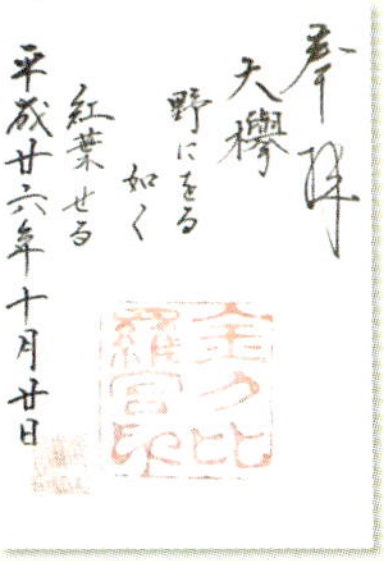

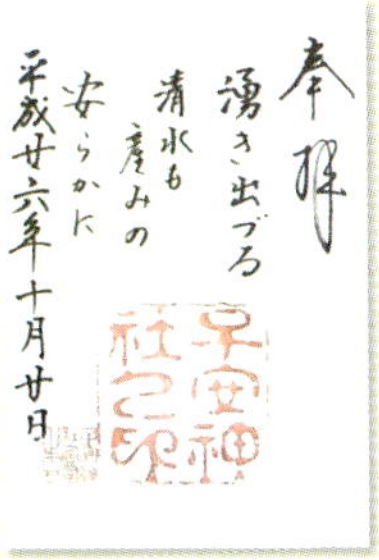

表紙

▲ 桜と菊が鮮やかに散りばめられた中に主祭神の木花開耶姫神の後ろ姿が描かれた御朱印帳。美しい後ろ姿は女性の憧れと大評判です。

縁結び・安産のご利益があると評判

東京都八王子市で鎮座1250年を誇る最古の神社。759（天平宝字3）年に橘右京少輔が時の天皇のお后さまの安産祈願のために創建したと伝えられています。

ご祭神は「木花開耶姫命」であり、神話において自ら火を放った産屋で無事に出産した神様として知られています。それ故今日まで子安神社は安産の神社として崇敬を集めており、ご祭神の天照大神の孫の妻である女神・木花開耶姫命で桜の神様とも呼ばれ、春になるとソメイヨシノとしだれ桜が境内に咲き誇っています。

［祀られている神様］

●主祭神　木花開耶姫神（このはなさくやひめのかみ）

＊住:東京都八王子市明神町4丁目10番3号　＊T:042-642-2551

＊アクセス:JR「八王子駅」北口下車徒歩約5分、京王線「八王子駅」下車徒歩約1分

● 御朱印帳:1,200円

神奈川県

相州《さあいしゅう》・藤沢《ふじさわ》 白《しら》旗《はた》神《じん》社《じゃ》

裏表紙

表紙

▲ 御朱印帳には馬を駆る御祭神、源義経公と弁慶が描かれています。

[御朱印]

武芸・芸能・学問に御利益ある白旗神社

鎌倉時代より以前から相模国にある寒川神社の神様、寒川比古命をお祀りして寒川神社と呼ばれていました。1189(文治5)年、源頼朝から怒りを買った源義経公は、追い詰められ奥州平泉の衣川館において自害。その首が奥州から届き義経公であることが確認された後、頼朝が源氏の旗である白旗にちなんで義経公を祀ったのが白旗明神です。

本殿の東側には「弁慶の力石」があります。元は近くの茶屋の前にあったものとあり近隣の人が力比べに使っていたものといい、この石に触れると健康になる・病気をしないといわれています。

[祀られている神様]

●源義経公(みなもとのよしつねこう)

幼名・牛若丸。武蔵坊弁慶を家来とした

他6柱を配祀

＊住:神奈川県藤沢市藤沢2丁目4番7号
＊T:0466-22-9210
＊アクセス:小田急電鉄江ノ島線「藤沢本町駅」より徒歩約7分
● 御朱印帳:1,500円

千葉県

松《まつ》戸《ど》神《じん》社《じゃ》

裏表紙

表紙

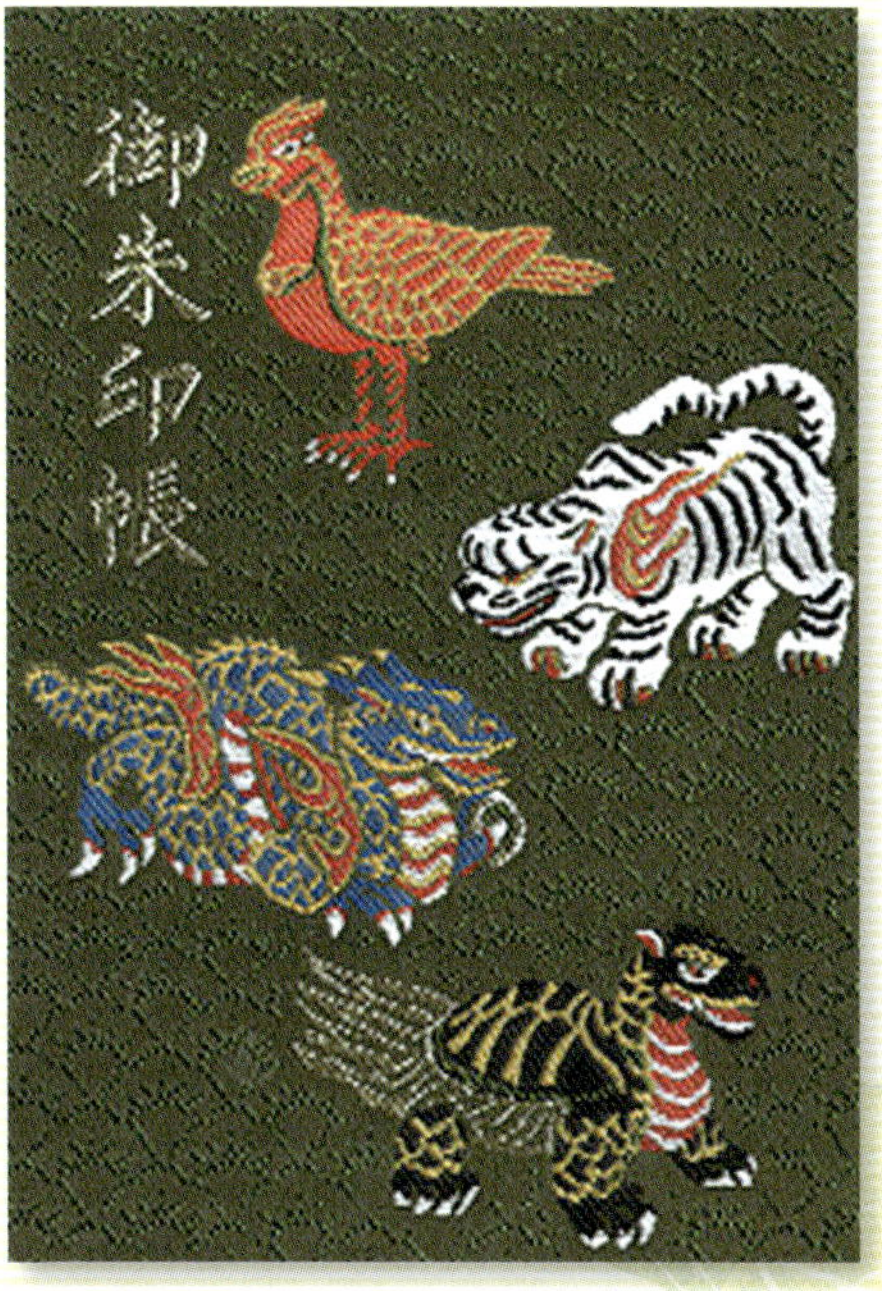

▲ 四神が描かれた珍しい御朱印帳です。大祭が日曜日にあたる年に行なわれる神幸祭では、四神を伴った行幸の御列が見られます。

［御朱印］

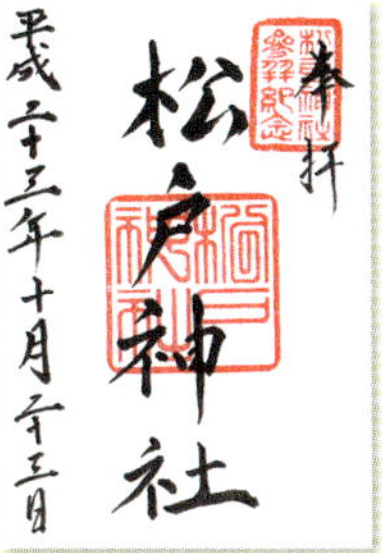

神幸祭の御列に加わる四神の絵柄

60年余り途絶えていた神幸祭は1990（平成2）年に再興され、古代の皇室祭祀にもつながる青龍、朱雀、白虎龍、玄武の四神が行幸の御列に加わるという全国的にも珍しい祭礼形式。その四神が描かれた御朱印帳も貴重なものとして人気です。

創建は1626（寛永3）年とされ、神仏習合思想の影響でかつては御嶽大権現と称しました。慶長期には街道の宿場町松戸宿として賑わい水戸徳川家からも崇拝を受けました。1737（天文元）年の大火により焼失し、本殿は約300年前に再建。1882（明治15）年、現社名に改称する際に有栖川宮幟仁親王より社号の書を賜りました。

［祀られている神様］

●日本武尊（やまとたけるのみこと）

第12代景行天皇の皇子であり、日本古代史上の伝説的英雄である

＊住：千葉県松戸市松戸1457番地
＊T：047-362-3544
＊アクセス：JR常磐線・新京成電鉄「松戸駅」より徒歩約7分
● 御朱印帳：2,000円

神奈川県

平《へい》間《けん》寺《じ》

金《こん》剛《ごう》山《ざん》金《きん》乗《じょう》院《いん》

裏表紙

表紙

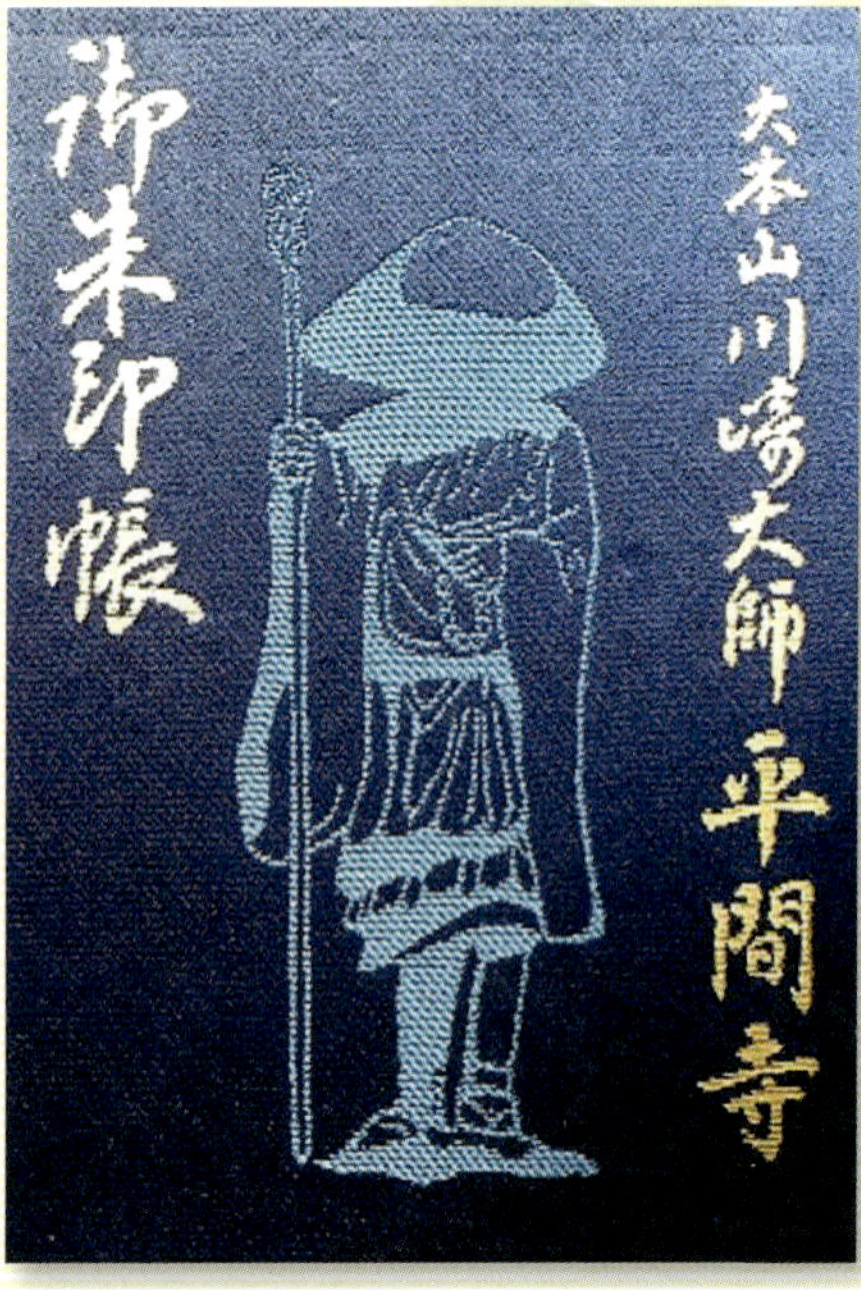

▲ オリジナルの御朱印帳は紺色、朱色の２種類で、いずれにも弘法大師の姿が描かれています。

四国霊場を巡錫する弘法大師の絵柄

通称・川崎大師、または「厄除けの大師さま」と親しまれ、成田山新勝寺、高尾山薬王院とともに知られる真言宗智山派大本山の寺院です。総本山は京都東山の智積院で、海中から弘法大師の木像を引き揚げた平間兼乗と諸国遊化の途上に立ち寄った高野山の尊賢上人が、１１２８（大治３）年、平間寺を建立したといわれております。大本堂では、毎日欠かすことなく護摩祈祷が行われ、厄除や家内安全等諸願成就が祈願され、年間を通じて参拝者が絶えません。毎年正月には初詣の参拝客で賑わうことでも有名なお寺です。

［ 御本尊 ］

●弘法大師（こうぼうだいし）

日本仏教の柱、日本文化の父と仰がれる真言宗の開祖

＊住：神奈川県川崎市川崎区大師町4番48号
＊T：044-266-3420
＊アクセス：京急大師線「川崎大師駅」より徒歩約8分
● 御朱印帳：1,300円

京都府

石《いわ》清《し》水《みず》八《はち》幡《まん》宮《ぐう》

裏表紙

表紙

▲ 表紙から裏表紙いっぱいに、勅祭・石清水祭の厳粛なる神幸行列を色とりどりに刺繍で描いた絢爛豪華なデザインの御朱印帳です。

［御朱印］

勅祭・石清水祭の厳粛なる神幸行列

勅祭とは天皇陛下のお使いである勅使が直々に陛下からのお供え物（幣帛）を供えに参向される祭典のこと。御朱印帳の全面には、賀茂祭（京都）、春日祭（奈良）とともに旧儀による三大勅祭の一つに数えられる石清水祭の神幸行列のようすが、見事な刺繍で描かれています。

「やわたのはちまんさん」の名で親しまれている石清水八幡宮の起源は、平安時代の始め、清和天皇の859（貞観元）年に南都大安寺の行教和尚が、男山の峰に御神霊を奉安したのが始まりと伝えられています。国家鎮護の社として皇室の崇敬厚く、伊勢の神宮に次ぐ第二の宗廟と称されています。

［祀られている神様］

- 応神天皇（おうじんてんのう）
- 比咩大神（ひめおおかみ）
- 神功皇后（じんぐうこうごう）

総称して八幡大神という。国家鎮護、厄除開運、必勝・弓矢の神

＊住：京都府八幡市八幡高坊30
＊T：075-981-3001
＊アクセス：京阪電車「八幡市駅」下車、男山ケーブル「男山山上駅」より徒歩約5分
● 御朱印帳：2,000円（西陣織御朱印帳）、3,000円（本蒔絵御朱印帳）

静岡県

事《こと》任《のまま》八《はち》幡《まん》宮《ぐう》

裏表紙

表紙

▲ 緋の着物を身につけて舞を踊る人の姿を描いた御朱印帳。絵の元となった掛け軸「羅陵王の舞」は、社家の宝物として保存されています。

［御朱印］

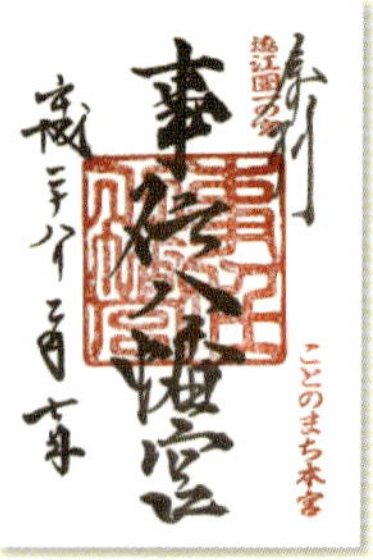

月夜に舞を披露する宝物「羅陵王の舞」

豪華な刺繍がほどこされた御朱印帳には、社家所有の宝物「羅陵王の舞」の掛け軸の絵柄が用いられています。美しい月夜の晩に、天皇の御子様が羅陵王という曲を笛で吹いていると、その音に誘われて舞人が現れ、舞を披露したという故事にちなんだ絵です。

事任八幡宮の創建時期は不祥ですが、成務天皇の頃との記録が残っています。古くは真知乃神、任事神社などと呼ばれ、延喜式神名帳には「己等乃麻知神社」と記載されていました。802（大同2）年、坂上田村麻呂が東征の折り、桓武天皇の勅命によって現在地に遷座させたと伝えられています。

［ 祀られている神様 ］

●己等乃麻知比売命（ことのまちひめのみこと）

真を知る神、言の葉で事を取り結ぶ神様、言の葉を通して世の人々に加護を賜う「ことよさしの」神様

他3柱を配祀

＊住：静岡県掛川市八坂642番地
＊T：0537-27-1690
＊アクセス：JR東海道本線「掛川駅」よりバスで約20分
● 御朱印帳：1,500円（御朱印料含む）

裏表紙

表紙

［御朱印］

▲ 神の使いとして1500年前から多度大社に棲むと言われる白馬。高貴な紫の地に「白馬伝説」をモチーフとして描かれた御朱印帳です。

三重県

多《た》度《ど》大《たい》社《しゃ》

神の使いとして伝わる白馬の絵柄

創祀は不明ですが、古来、神が坐します神体山と仰がれた多度山の麓に鎮座し、神代の古に遡ることができる大社です。神の使いとしてこの社に棲むといわれる白馬にまつわる伝説が残されていて、御朱印帳にもその白馬が描かれています。

また伊勢の神宮御祭神の御子神をお祀りすることから、「お伊勢参らばお多度もかけよ、お多度かけねば片まいり」と謡われ、古くは北伊勢大神宮とも称され、伊勢参拝の折にはここへ必ず参拝したことがうかがわれます。尚、毎年5月4日、5日に行われる「上げ馬神事」は特に有名です。

［ 祀られている神様 ］

●本宮　天津彦根命（あまつひこねのみこと）

雨宮の神々は力を協せ雨・風を支配し、人々の命の源を守護する神様で、御神徳は広大無辺である

●別宮　天目一箇命（あめのまひとつのみこと）

＊住：三重県桑名市多度町多度1681番地
＊T：0120-37-5381
＊アクセス：養老鉄道「多度駅」より徒歩約20分
● 御朱印帳：1,200円

千葉県

駒《こま》木《き》諏《す》訪《わ》神《じん》社《じゃ》

裏表紙

表紙

▲ 奥州追討の際にこの地で軍馬を調達し、戦勝後、再び訪れて乗馬と馬具を献じたという故事「義家献馬」が描かれた御朱印帳です。

［御朱印］

紫の地に金糸の社紋 源義家と神馬の絵柄

源義家が征夷大将軍として奥州追討に赴いた際に、この地で軍馬を調達したことから、後に乗馬および馬具を献じた「義家献馬」の像が建てられています。鮮やかな紫地の御朱印帳に描かれているのは、その故事にまつわる源義家と神馬です。

神社は平安時代創建で1200年以上の歴史があり、地元の人から「おすわさま」と呼ばれ親しまれています。807（大同2）年、高市皇子（天武天皇の皇子）の子孫が駒木に移住し、氏神として諏訪大社から額面を奉遷しました。社殿は江戸時代建築の典型的な権現造りで、約1万坪の境内には大樹が繁り、歴史の深さを今に伝えています。

［ 祀られている神様 ］

●健御名方富命（たけみなかたとみのみこと）

農耕の神様・狩猟の神様・風の神様。神階は867（貞観9）年に従一位勲八等に達している

✻ 住：千葉県流山市駒木655番地
✻ T：04-7154-7377
✻ アクセス：東武鉄道「豊四季駅」より徒歩約6分
● 御朱印帳：2,000円

裏表紙

表紙

▲ 御朱印帳には赤糸威鎧と白糸威褄取鎧の二つの国宝があしらわれています。

青森県

南《なん》部《ぶ》総《そう》鎮《ちん》守《じゅ》一《いち》之《の》宮《みや》 櫛《くし》引《びき》八《はち》幡《まん》宮《ぐう》

二つの国宝が配置された図柄

1189（文治5）年の平泉合戦で戦功をたてた南部家初代光行公は、源頼朝から糠部郡という広大な地域を拝領しました。1191（建久2）年に入部し、甲斐南部郷の八幡宮御神体を奉持せしめ、櫛引村に宮社を造営し、武運長久を祈ったといいます。

鎌倉時代以来の由緒をもつ南部一之宮・櫛引八幡宮には、その歴史と格式にふさわしい宝物が数多く所蔵されています。

雄々しい赤糸威鎧と白糸威褄取鎧が桜の花びらが舞い散る中に据えられて、対極的なセンスに溢れています。

［祀られている神様］

●誉田別尊（ほむだわけのみこと）

厄除開運のご神徳、文教の祖神

他1柱の神を合祀

＊住：青森県八戸市八幡字八幡丁3番地
＊T：0178-27-3053
＊アクセス：JR東北本線「八戸駅」より車で約10分
● 御朱印帳：1,500円

山口県 萩《はぎ》
松《しょう》陰《いん》神《じん》社《じゃ》

裏表紙

表紙

▲ 大鳥居と御社殿、現存する松下村塾が描かれた御朱印帳。
青を基調にした落ち着きのあるデザインが特徴です。

大鳥居と御社殿に現存する松下村塾

1890（明治23）年8月、吉田松陰を祀って建てられました。松下村塾出身者などの手による塾改修時に、松陰の実家である杉家の私祠として、村塾の西側に土蔵造りの小祠を建立したのが神社の前身です。1907（明治40）年、県社の社格の神社創設が許可されました。御朱印帳の表紙に大鳥居と御社殿、裏表紙には現存する松下村塾が描かれています。

境内には松陰ゆかりの史跡などが点在し、近代日本の原動力となり、数多くの逸材を輩出した松下村塾と隣接して吉田松陰の旧宅もあります。

［ 祀られている神様 ］

●吉田矩方命（よしだのりかたのみこと）

吉田松陰。学問の神様。御神体として松陰が終生愛用した赤間硯と父叔兄宛てに書いた文書が遺言によって収められている

＊住:山口県萩市椿東1537
＊T:0838-22-4643
＊アクセス:山陰本線「東萩駅」より徒歩約20分
● 御朱印帳:1,500円

新潟県

新《にい》潟《がた》縣《けん》護《ご》國《こく》神《じん》社《じゃ》

裏表紙

表紙

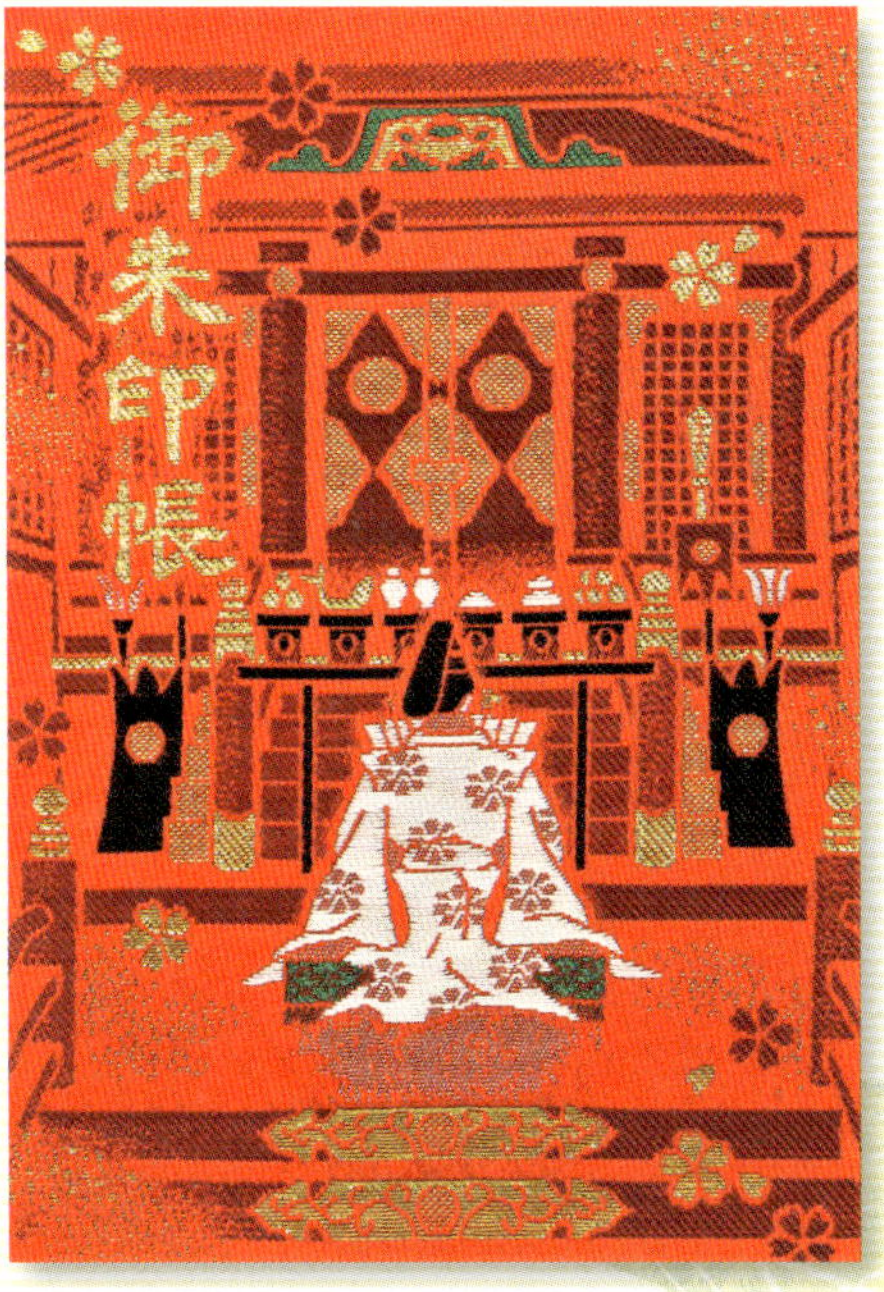

▲ 御朱印帳には日々感謝と祈りを捧げる神職が描かれています。

［御朱印］

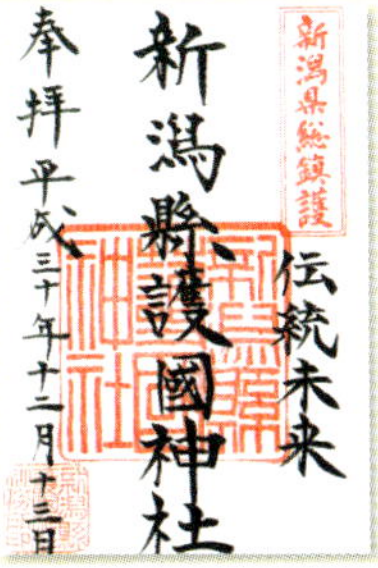

日本の白砂青松100選に選ばれた神社

由緒は1868（明治元）年10月29日に「招魂社」を祀り、明治維新の際に国事に殉難した英霊の慰霊祭を行ったことに始まりました。2018（平成30）年の「御創祀150年」には記念事業として御神門・回廊造営・祈祷者待合応接室建築・神楽殿の移設改修・境内設備など、参拝のバリアフリー化と県民の文化・武道等のイベント・神賑行事空間の創出を目的とした50年100年先を見据えた造営計画の集大成として竣工しました。

御朱印帳に描かれているのは、高貴な赤色をベースに日々感謝と祈りを捧げる神職が描かれています。裏表紙には菊と桜を組み合わせた神紋が配置されています。

［祀られている神様］

● 戊辰戦争、官軍戦没者416柱始め、先の大東亜戦争に至るまでの新潟県関係の殉国の英霊79,729柱を祀る

✻ 住：新潟県新潟市中央区西舟見町5932番300号
✻ T：025-229-4345
✻ アクセス：JR「新潟駅」より浜浦町行バス「岡本小路駅」下車、徒歩約3分
● 御朱印帳：1,500円

山口県

下関《しものせき》

亀《かめ》山《やま》八《はち》幡《まん》宮《ぐう》

裏表紙

表紙

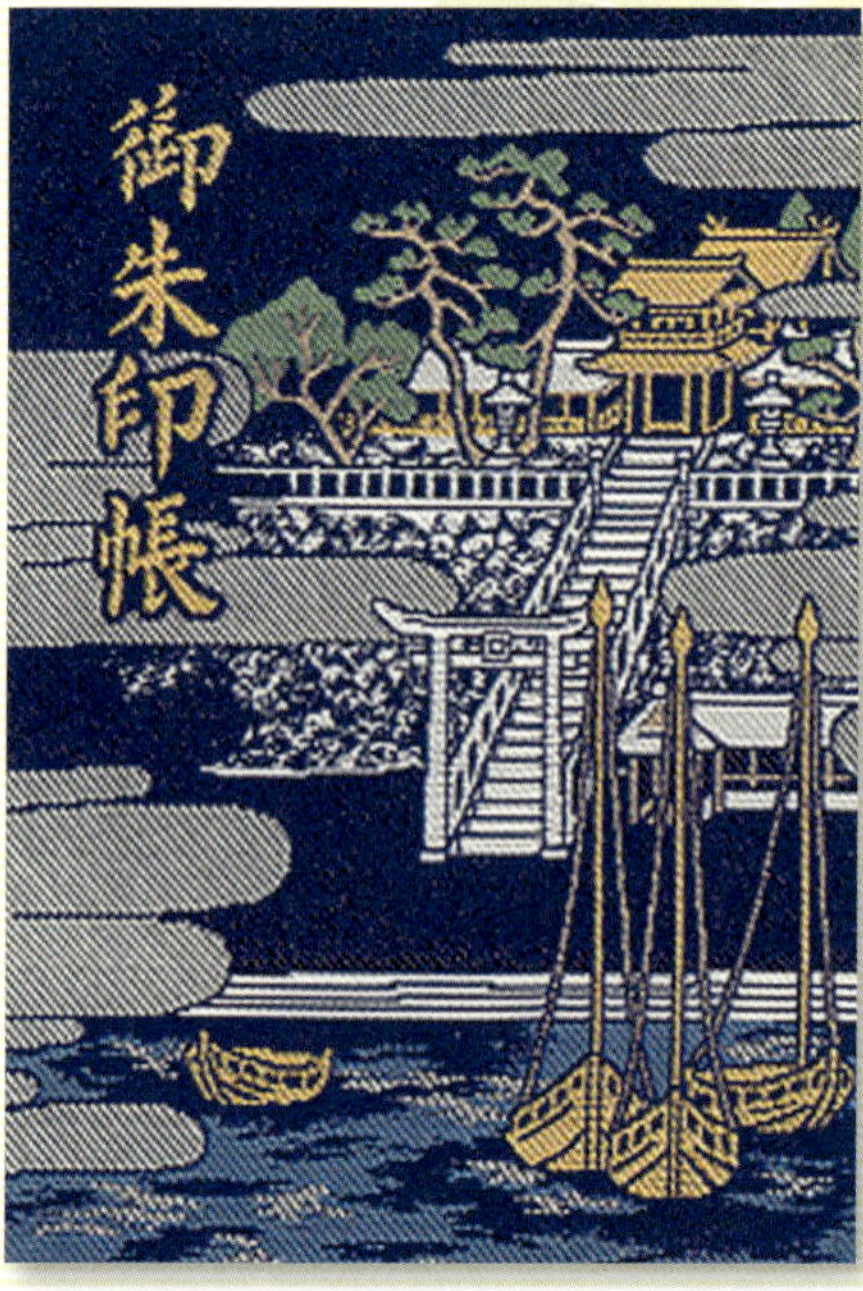

［御朱印］

▲幕末の亀山八幡宮を描いた絵を元に作成された御朱印帳。海へと続く階段参道と鳥居、船着き場のようすも表現されています。

幕末の下関の風景と亀山八幡宮を描く

下関市の中心地に祀られている八幡宮で、古くは亀の形に似た島の上にありました。亀山という名称はこれに由来したともいわれ、下関六十ケ町の氏神「関の氏神さま」、「亀山さま」と親しまれてきた関門海峡鎮護の神社です。

享保年間「防長社寺由来」によれば、859（貞観元）年、京の都の守護のため宇佐神宮（大分県）から石清水八幡宮（京都府）に勧請される途中、この島の麓に停泊。その夜にご神託があり、供の勅使が国主に命じ仮殿を造営させてお祀りしたと伝えられています。

［祀られている神様］

●応神天皇（おうじんてんのう）

文化殖産の神様。文化工芸向上のため、百済から２人の学者を招き、わが国に初めて漢字を伝えるとともに大陸の諸種の工芸を移入した

●神功皇后（じんぐうこうごう）

他２柱を配祀

＊住:山口県下関市中之町1番1号　＊T:083-231-1323

＊アクセス:JR山陽本線「新下関駅」よりサンデンバス「唐戸停留所」下車、徒歩約3分

●御朱印帳:1,500円（亀山八幡宮・お亀明神社2社御朱印料含む）

裏表紙

表紙

▲ 例年2月の第3土曜日に行なわれる会陽は日本三大奇祭のひとつ。それぞれの祈願を胸に約9000人が参加する裸祭りが描かれています。

［御朱印］

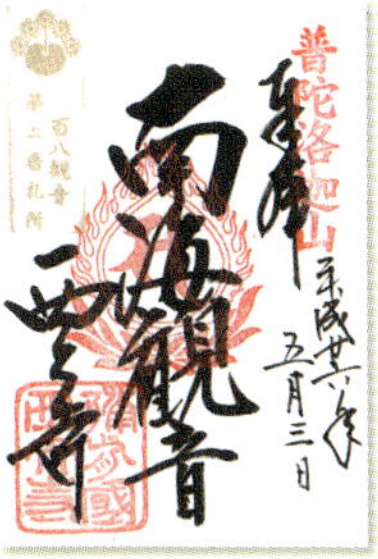

岡山県

金陵山《きんりょうざん》 西《さい》大《だい》寺《じ》

天下の奇祭、会陽の熱気伝わるデザイン

本坊の観音院は高野山真言宗別格本山のお寺です。御朱印帳には、通称である備前西大寺の文字と日本三大奇祭として知られる会陽（裸祭り）の熱気に満ちあふれたようすが豪快に描かれています。

751（天平勝宝3）年、周防国、玖珂庄に住む藤原皆足姫が、観音菩薩の妙縁を感じて金岡郷に草案を開基し、千手観音を安置したのが始まりと伝えられています。777（宝亀8）年、安隆上人が龍神より渡された犀角を鎮めた聖地に堂宇を建立。これを起源に寺号を犀戴寺（さいだいじ）と称しましたが、後年、後鳥羽上皇の祈願文から賜り西大寺と改称されました。

［御本尊］

● 千手観世音菩薩（せんじゅかんぜおんぼさつ）

千の慈手、慈眼を備え、あまねく衆生を済度する変化観音

＊住：岡山県岡山市東区西大寺中3丁目8番8号
＊T：086-942-2058
＊アクセス：JR赤穂線「西大寺駅」より徒歩約10分
● 御朱印帳：1,000円

大阪府

住《すみ》吉《よし》大《たい》社《しゃ》

表紙

▲ 水色をベースに朱塗りの反橋と3羽のうさぎを図案化した御朱印帳。かわいいピンクベースも人気があります。

すみよっさんの象徴 反橋とうさぎの図案

全国にある住吉神社の総本社で、地元では「すみよっさん」の名で親しまれている神社です。御朱印帳の図案には、住吉大社の象徴として知られる朱塗りの反橋とうさぎが使われています。反橋は太鼓橋とも呼ばれ、石の橋脚は慶長年間に淀君が奉納したものと伝えられています。

約１８００年前、神功皇后が住吉大神の御加護を得て、大いに国威を輝かせられたことにより御鎮祭。後に皇后の御孫にあたる仁徳天皇が浪速に遷都、墨江に開港されたことから今に続く大阪・堺の発展をもたらしました。住吉造といわれる神社建築史上最古の特殊な様式で国宝に指定されている本殿は、第一から第三本宮まで直列に、第四と第三本宮は並列に配置され、全国的にも珍しい配置となっています。

反橋は太鼓橋とも
呼ばれ、住吉大社の
象徴として有名

［御朱印］

裏表紙

［ 祀られている神様 ］

- 第一本宮　底筒男命（そこつつのおのみこと）
- 第二本宮　中筒男命（なかつつのおのみこと）
- 第三本宮　表筒男命（うわつつのおのみこと）
- 第四本宮　神功皇后（じんぐうこうごう）

✻ 住：大阪府大阪市住吉区住吉2丁目9-89　✻ T：06-6672-0753
✻ アクセス：南海鉄道・南海本線「住吉大社駅」より徒歩約3分、南海高野線「住吉東駅」より徒歩約5分
● 御朱印帳：1,000円

千葉県

櫻《さくら》木《ぎ》神《じん》社《じゃ》

表紙1

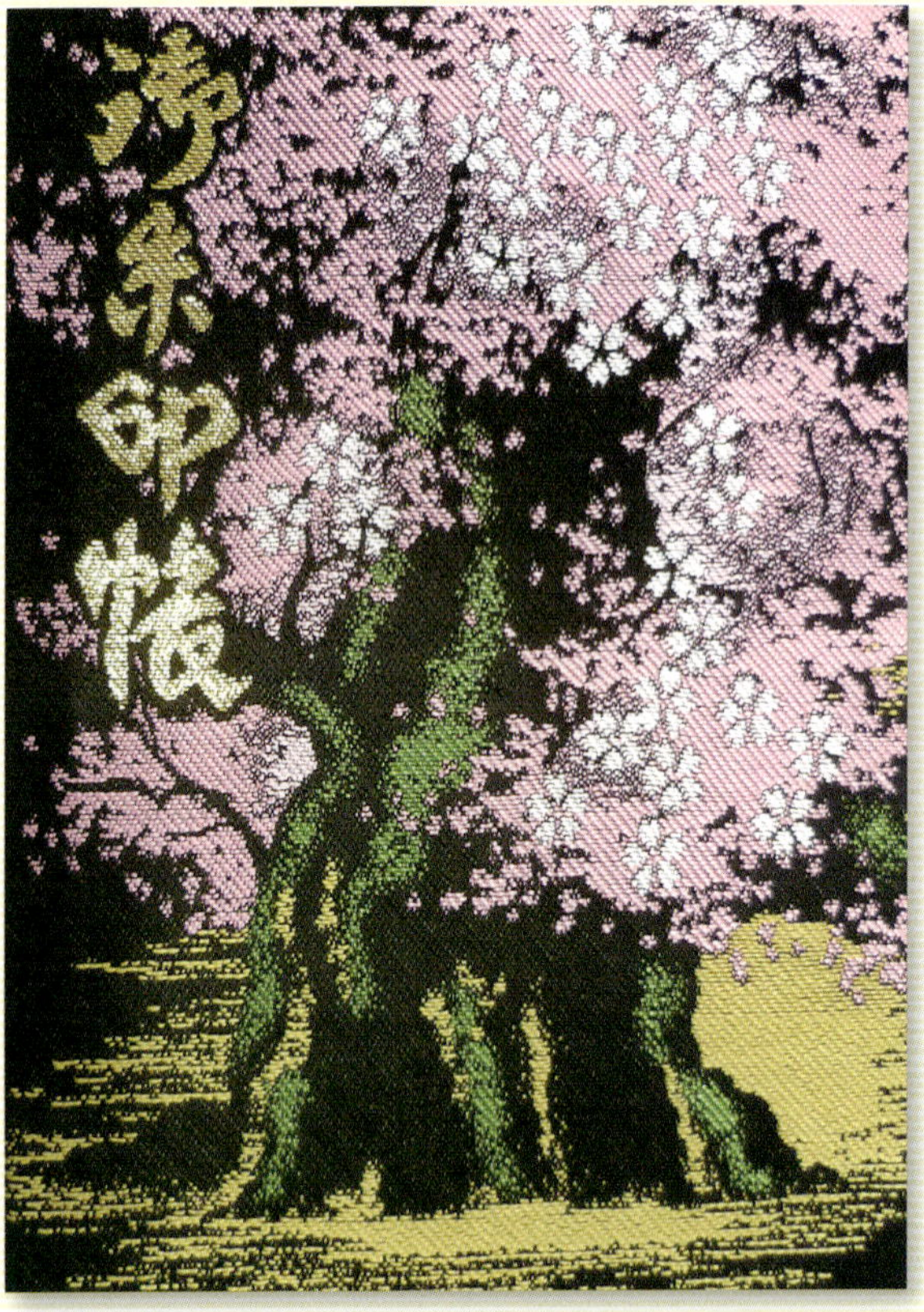

▲ 御神木の桜の木を描いたオリジナルの御朱印帳。桜の花の文様が華やかな御朱印帳「爛漫」や御朱印袋、ハードケースもあります。

春の華やかさを表現した御神木の見事な桜の木

平安朝の８５１（仁寿元）年、大化の改新で活躍した冬嗣公三男の嗣良公がこの地に居を移した時、美しい桜の大木があり、公がこの木のもとに倉稲魂命を祀り、武甕槌命の神を祀ったのが始まりと伝えられています。その後、冬嗣公の八男、良世公の孫にあたる藤原則忠氏が祭祀を継承しました。

現存する宮司家社家文書によれば、この地は古くに「桜木村」と呼ばれ、後に「桜台村」となり、桜が咲き誇る美しい里だったと考えられています。これが野田市最古の神社の歴史を誇り、桜の宮と称えられる所以です。また、御神木の桜の木が描かれた御朱印帳は、その華やかさから特に女性に人気です。

境内には30種類もの桜が約４００本植えられ、春だけなく秋から冬にかけて咲く十月桜も見ることができます。

春大祭や記念行事に
合わせた限定の
御朱印帳も好評

[御朱印]

表紙2

[祀られている神様]

●倉稲魂命（うかのみたまのみこと）

五穀豊穣、商業・産業繁栄の神様

●武甕槌命（たけみかづちのみこと）

武運勝機の神様

●伊弉諾尊（いざなぎのみこと）

国生みの神様

●伊弉冉尊（いざなみのみこと）

同じく国生みの神様

＊住:千葉県野田市桜台210
＊T:04-7121-0001
＊アクセス:東武野田線「野田市駅」より徒歩約12分
● 御朱印帳:1,500円（御朱印料含む）

神奈川県

長《は》谷《せ》寺《でら》

表紙1

表紙2

［御朱印］

▲巾着袋セットになっている人気の御朱印帳。境内に咲くアジサイと紅葉のデザインが女性に好評を得ています。

鎌倉の四季を存分に感じられる古寺

古くから「長谷観音」の名で親しまれるこの仏閣は、正式には「海光山慈照院長谷寺」と称されています。開創は奈良時代の736（天平8）年といわれ、聖武天皇の治世下に勅願所と定められた鎌倉有数の由緒ある寺です。本尊は十一面観世音菩薩像で木彫仏としては日本最大級（高さ9・18ｍ）の尊像で、緑深い観音山の裾野から中腹に広がる境内は、四季を通じて花が絶えることのない「鎌倉の西方極楽浄土」と呼ばれ、ご来山者の心を和ませています。鎌倉の海や街並みが一望できる見晴台があり、その風情が鎌倉でも有数の景勝地と賞賛されています。

［御本尊］

●十一面観音（じゅういちめんかんのん）

＊住:神奈川県鎌倉市長谷3丁目11番2号
＊T:0467-22-6300
＊アクセス:私鉄線江ノ電「長谷駅」下車徒歩約10分
● 御朱印帳:1,500円　御朱印帳袋:2,000円

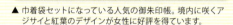

神奈川県

江《えの》島《しま》神《じん》社《じゃ》

裏表紙

表紙

▲ 海と江島の背景には富士山が描かれている江の島ならではの御朱印帳です。

［御朱印］

美しい海と富士山を望む絶景の神社

日本三大弁財天を奉る神社で、日本屈指のデートスポットとして知られています。ご祭神は天照大神が須佐之男命と誓約された時に生まれた、三姉妹の女神様が祀られています。

仏教との習合によって、弁財天女とされ、江島弁財天として信仰されるに至り、海の神、水の神の他に、幸福・財宝を招き、芸道上達の功徳を持つ神として、今日まで仰がれております。境内の八角のお堂・奉安殿には日本三大弁財天のひとつとして有名な裸弁財天が安置されており、江戸時代にはこの江島弁財天への信仰が集まり、江の島詣の人々で大変な賑わいを見せたといわれています。

［ 祀られている神様 ］

●奥津宮　多紀理比賣命（たぎりひめのみこと）

●中津宮　市寸島比賣命（いちきしまひめのみこと）

●辺津宮　田寸津比賣命（たぎつひめのみこと）

＊住:神奈川県藤沢市江の島2丁目3番8号　＊T:0466-22-4020

＊アクセス:小田急線「片瀬江ノ島」駅、江ノ島電鉄「江ノ島」駅、湘南モノレール「湘南江の島」駅※各駅から徒歩約15〜25分

● 御朱印帳:1,000円

石川県

金《かな》澤《ざわ》神《じん》社《じゃ》

裏表紙

表紙

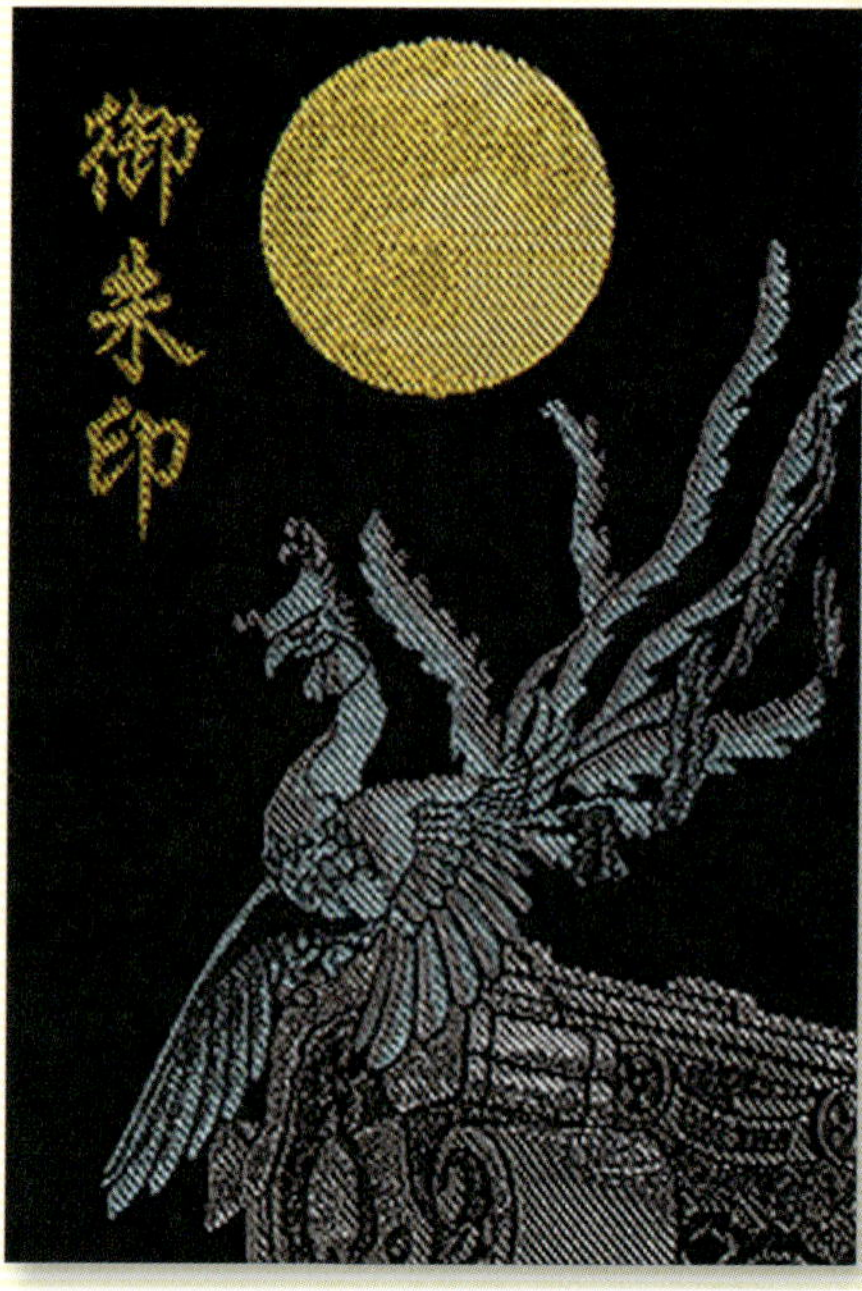

［御朱印］

▲ 学業成就、金運アップ、災難除けと万能神社の御朱印帳は、ダイナミックに描いた鳳凰と望月にパワーを感じるデザインが目を引きます。

黒地に金糸銀糸の格式ある御朱印帳

黒地に金糸銀糸を使い満月を背に社殿とダイナミックに描いた鳳凰が特徴の御朱印帳です。

神社は加賀藩11代藩主前田治脩が1794（寛政6）年に藩校明倫堂を建てた際、その鎮守社として創建されました。造営は時の重臣達が作業に当たったと伝えられています。その後、兼六園が整備されるに当たり藩校は他の地に移転しましたが、神社は12代藩主前田斉広の時に建てた竹沢御殿の鎮守とし、江戸時代後期から明治時代初期も合わせて祀っています。1872（明治5）年、村社に列し、兼六園が一般開放された1874（明治7）年に郷社に昇格しました。

［ 祀られている神様 ］

●菅原道真公（すがわらみちざねこう）
学問の神様

●白蛇竜神（はくじゃりゅうじん）
金運、厄除けの神様

●白阿紫稲荷大明神（はくあしいなりだいみょうじん）
商売繁盛の神様

他3柱を配祀

✻ 住：石川県金沢市兼六町1-3
✻ T：076-261-0502
✻ アクセス：JR北陸本線「金沢駅」より北鉄バス「成巽閣前」下車
● 御朱印帳：1,200円

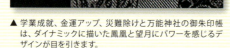

東京都

虎《とら》ノ門《もん》 金《こ》刀《と》比《ひ》羅《ら》宮《ぐう》

裏表紙

表紙

［御朱印］

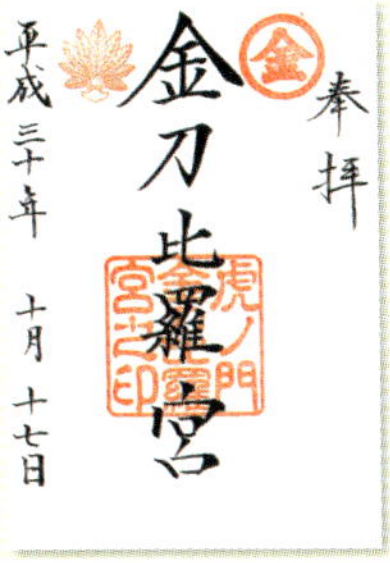

▲ 高い石垣上にそびえる江戸城と城下に金刀比羅宮の幟が見える構図の御朱印帳。青海波の文様が美しい裏表紙も特徴的です。

江戸城と城下に見える金刀比羅宮

地上26階建ての虎ノ門琴平タワーに隣接するオフィス街にある神社。御朱印帳の表紙には、高い石垣の江戸城を背景にした当時の金刀比羅宮を描き、裏表紙には青海波の文様に金糸の神紋があしらわれています。

創始として伝わるのは、1660（万治3）年に讃岐国丸亀藩主であった京極高和が、藩領内の象頭山に鎮座する金刀比羅宮の分霊を芝・三田の地に勧請し、1679（延宝7）年、京極高豊の代に現在の虎ノ門に遷座しました。以来、江戸市民の熱烈なる要請に応えて、毎月10日に邸内を開き、参拝を許可しました。当時は金毘羅大権現と称されていました。

［祀られている神様］

● 大物主神（おおものぬしのかみ）

海陸安泰・五穀豊穣・万民泰平、平安をもたらす神様。神々の中で最も偉大な力を持つ神、運を握る神ともいわれる

＊住：東京都港区虎ノ門1丁目2番7号
＊T：03-3501-9355
＊アクセス：東京メトロ銀座線「虎ノ門駅」より徒歩約1分
● 御朱印帳：1,500円

福岡県

宮《みや》地《じ》嶽《だけ》神《じん》社《じゃ》

表紙

裏表紙

［御朱印］

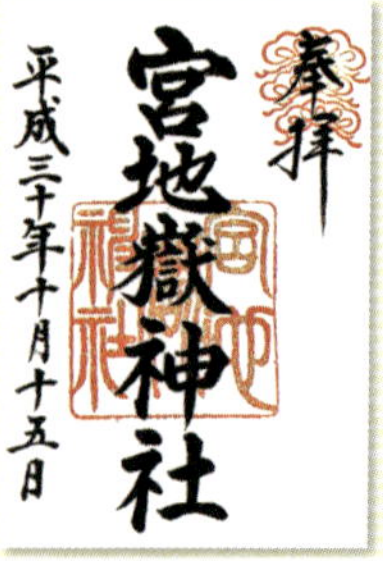

▲表紙に日本一の大注連縄が描かれた御朱印帳で、裏には千木、鰹木が交差する社殿の屋根。色違いも頒布されています。

日本一の大注連縄と黄金色の千木と鰹木

約1600年前の創建で永い間宗像神社の摂社であり、全国に鎮座する宮地嶽神社の総本宮です。神社のシンボルである大注連縄は重さは5トン。御朱印帳の表には、この日本一の大注連縄、裏にはと黄金の本殿が描かれています。

宗像神社所蔵、1368（正平23）年年中行事記の中に神事の記載があり、神功皇后が渡韓の折りこの地に滞在し、宮地嶽山頂より大海原を臨み、祭壇を設けて天神地祇を祀り「天命を奉じてかの地に渡らん。希くば開運を垂れ給え」と祈願して船出したと伝えられています。横穴式石室を持つ宮地嶽大塚古墳と出土品を有しています。

［祀られている神様］

●息長足比売命（おきながたらしひめのみこと）　別名:神功皇后（じんぐうこうごう）

●勝村大神（かつむらのおおかみ）

●勝頼大神（かつよりのおおかみ）　宮地嶽三柱大神（みやじだけみはしらおおかみ）と総称される。何事にも打ち勝つ開運の神様

＊住:福岡県福津市宮司元町7丁目1番

＊T:0940-52-0016

＊アクセス:JR「福岡駅」よりバスで約5分

● 御朱印帳:1,500円

裏表紙

表紙

［御朱印］

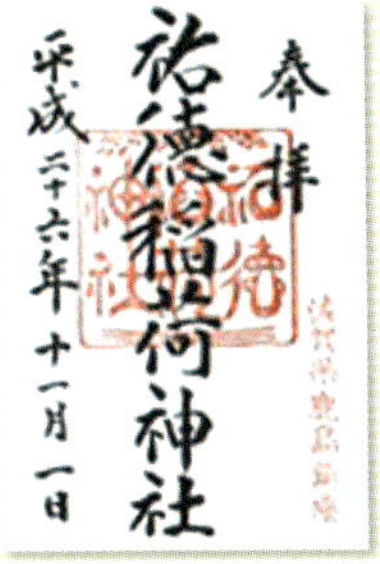

▲ 美しい朱塗りの社殿を細部まで再現し、庭園に咲く牡丹が描かれた華麗な御朱印帳です。

佐賀県

祐《ゆう》徳《とく》稲《いな》荷《り》神《じん》社《じゃ》

美しい朱塗りの社殿を細部まで再現

1687（貞享4）年、肥前鹿島藩鍋島直朝公の夫人、花山院萬子媛が、朝廷の勅願所であった稲荷大神の御分霊を勧請された稲荷神社で、衣食住の守護神として国民の間で篤く信仰されております。日本三大稲荷の一つに数えられ商売繁昌、家運繁栄、大漁満足、交通安全等の祈願が絶えず、参拝者は大宰府天満宮に次ぐ年間300万人に達しています。御本殿、御神楽殿、楼門等総漆塗極彩色の宏壮華麗な偉容は、鎮西日光と称され、その荘厳さ、美しさが御朱印帳にも細部まで再現されています。

［祀られている神様］

●倉稲魂大神（うがのみたまのおおかみ）

稲荷大神と呼称され、衣食住を司り生活全般の守護神として尊崇されている

他2柱の神を合祀

＊住:佐賀県鹿島市古枝乙1855
＊T:0954-62-2151
＊アクセス:JR長崎本線「肥前鹿島駅」より祐徳バス「祐徳神社前」下車、徒歩約5分
● 御朱印帳:1,500円

裏表紙

［御朱印］

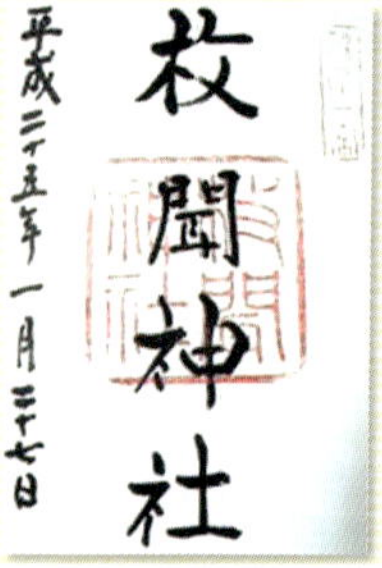

表紙

▲ 御神体の開聞岳をモチーフにしたシンプルなデザイン、紙質が良くお値段も良心的。

鹿児島県

枚《ひら》聞《きき》神《じん》社《じゃ》

白地に紫色の開聞岳を あしらった豪華さ

長崎鼻から望む開聞岳が描かれた御朱印帳は、高貴な雰囲気の薄紫で、他に紺色もあります。

枚聞神社は、聖武天皇時代の創建と言われ、大日孁貴命の他に八柱を祀っています。現代の社殿は1610（慶長15）年に島津家17代当主の義弘が寄進したものです。厄除けなどのご利益があるとされ、かつては開聞岳を登る人は必ず参拝したと言われる山岳信仰の強い社です。交通安全や漁業守護の神として信仰される。竜宮伝説があり、玉手箱が描かれたお守りも人気。宝物殿では国指定重要文化財・松梅蒔絵櫛笥や、島津家の古文書などを展示してます。

［ 祀られている神様 ］

● **大日孁貴命**（おおひるめむなちのみこと）
天昭大神の別称。太陽を神格化した神

● **天之忍穂耳命**（あめのおしほみみ）

他5男3神を配祀

＊住：鹿児島県指宿市開聞十町1366
＊T：0993-32-2007
＊アクセス：JR九州指宿枕崎線「開聞駅」より徒歩約10分
● 御朱印帳：1,200円

鹿児島県

霧《きり》島《しま》神《じん》宮《ぐう》

裏表紙

表紙

[御朱印]

▲ 白地の表装に崇高秀麗な高千穂峰と絢爛豪華な朱塗りの社殿が描かれ、厳かな雰囲気を感じさせる御朱印帳です。

緑豊かな高千穂峰と絢爛な朱塗りの社殿

欽明天皇の御代、慶胤なる僧により高千穂峰と御鉢の間に社殿が造られたのが始まりとされています。火山の麓という立地のため、たびたび炎上し、天暦年間には高千穂河原に遷されましたが、ここも噴火で炎上し、1484（文明16）年、島津忠昌の命で現在の社地に再建されました。

白地の御朱印帳の表紙には、緑豊かな高千穂峰を背景に朱塗りの本殿が描かれています。現在の社殿は1715（正徳5）年、島津吉貴の奉納により再建したものです。御神木の杉は樹齢約800年と推定され、南九州の杉の祖先ともいわれています。

[祀られている神様]

● 天饒石国饒石天津日高彦火瓊瓊杵尊（あめにぎしくににぎしあまつひたかひこほのににぎのみこと）

天照大神から譲り受けた三種の神器とお供の神と共に高千穂の峰に降りたという天孫降臨の神話に由来する

他6柱を配祀

✻ 住:鹿児島県霧島市霧島田口2608-5
✻ T:0995-57-0001
✻ アクセス:JR日豊本線「霧島神宮駅」よりバスで約10分
● 御朱印帳:1,000円

表紙2

表紙1

▲ 河口湖畔から富士山を望む風景画のような図案。満開の桜と河口湖の向こうに見える霊峰富士の美しさが際立つ御朱印帳です。

［御朱印］

山梨県

冨《ふ》士《じ》御《お》室《むろ》浅《せん》間《げん》神《じん》社《じゃ》

河口湖畔から望む満開の桜と富士山

富士山を背にした本宮は富士山最古の社といわれ、699（文武天皇3）年、藤原義忠によって富士山二合目に奉斉されました。河口湖に面した里宮は、958（天徳2）年、村上天皇が礼拝儀祭の便をはかるため現在地へ建立。川口湖畔から見た富士山と満開の桜を風景画のように描いた御朱印帳が秀逸です。

本宮は噴火による焼失で再興をくり返し、現在の本殿は1612（慶長17）年、徳川家臣によって建てられたもの。永久保存のため1973（昭和48）年に二合目から里宮に移築されました。また、社名の御室は石柱をめぐらした中で祭祀を執り行っていたことに由来します。

［祀られている神様］

●木花開耶姫命（このはなさくやひめのみこと）

富士山の女神・火山を鎮める水の女神ともされる。良縁・子宝・安産・火防・流通・繁栄の御神徳がある

✻ 住：山梨県南都留郡富士河口湖町勝山3951番地
✻ T：0555-83-2399
✻ アクセス：富士急行線「河口湖駅」よりバスで約10分
● 御朱印帳：1,500円

表紙2

表紙1

静岡県

静《しず》岡《おか》浅《せん》間《げん》神《じん》社《じゃ》

［御朱印］

▲ 雪を頂いた富士山を背に浅間造りの壮麗な大拝殿と極彩色の社殿のダイナミックな構図で人気の御朱印帳。明治時代の境内図をあしらった御朱印帳も人気です。

冠雪の富士山を背に壮麗な大拝殿と社殿

神部神社、浅間神社、大歳御祖神社の3本社及び4境社を含む7社を総称するのが静岡浅間神社（通称おせんげんさま）です。重層な大拝殿は高さ25メートルで、木造神社建築としては出雲大社本殿より高く、まさに日本一の威容を誇ります。豪華な表装の御朱印帳には、雪を頂いた富士山と大拝殿、極彩色の社殿が描かれています。

御朱印は全部で8種類あり、総称である「静岡浅間神社」のほかに7社個々の御朱印を頂くことができます。また、6月1日に斎行される東照宮祭に併せ、当日のみ東照宮の御朱印を特別頂くことができます。

［ 祀られている神様 ］

●神部：大己貴命（おおなむちのみこと）
駿河国開拓の祖神、延命長寿・縁結び・除災招福の神

●浅間：木之花咲耶姫命（このはなさくやひめのみこと） 安産・子授り・婦徳円満の神

●大歳：大歳御祖命（おおとしみおやのみこと） 農・漁・工・商業等諸産業の繁栄守護の神

✻ 住：静岡県静岡市葵区宮ケ崎町102番地1　✻ T：054-245-1820
✻ アクセス：JR「静岡駅」より安倍線・美和線バスで約8分
「赤鳥居・浅間神社入口」下車
● 御朱印帳：1,000円

静岡県

來《きの》宮《みや》神《じん》社《じゃ》

裏表紙

表紙

［御朱印］

▲本殿の横にどっしりと構える大楠の幹の太さは24メートル。御朱印帳には樹齢2000年を超えるこの御神木がダイナミックに描かれています。

神々が宿る御神木は樹齢２０００年の大楠

古くから來宮大明神と称し、熱海郷の地主の神であって、来福、縁起の神として信仰されてきました。平安初期の征夷大将軍坂上田村麻呂公が戦勝を神前で祈願し、各地に分霊を祀ったと伝えられ、現在、全国に44社ある來宮神社の総社です。

本殿横の太さ24メートルの大楠は、樹齢２０００年を超える御神木。御朱印帳にはこの御神木のどっしりとした幹が描かれています。この大楠は、環境省の調査で全国2位の巨樹の認定を受けました。また、大楠の周りを1周すると寿命が1年延命、心に願いを秘めながら1周すると願いごとが叶うなどの伝説が残されています。

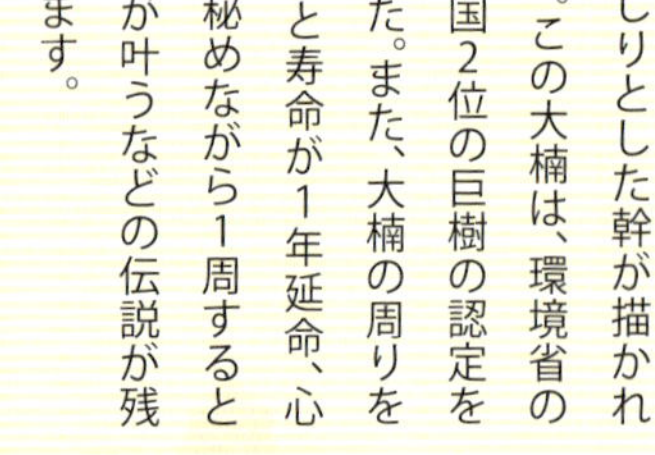

［祀られている神様］

- 大己貴命(おおなもちのみこと)　樹木と自然保護の神
- 五十猛命(いたけるのみこと)　営業繁盛・身体強健の神
- 日本武尊(やまとたけるのみこと)　武勇と決断の神

＊住:静岡県熱海市西山町43番1号
＊T:0557-82-2241
＊アクセス:JR伊東線「来宮駅」より徒歩約5分
● 御朱印帳:1,500円

山梨県

柏《かし》尾《お》山《さん》大《だい》善《ぜん》寺《じ》

ぶどう寺《てら》

裏表紙

表紙

［御朱印］

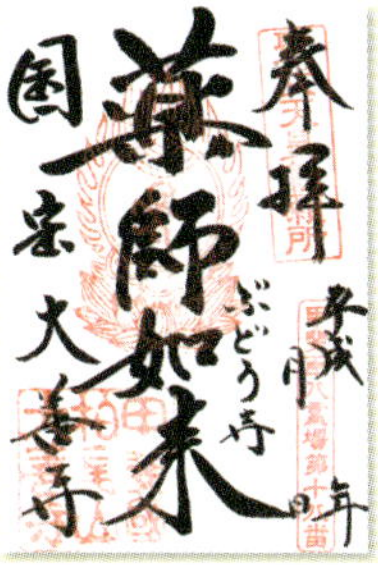

▲ ぶどうと藤の花の刺繍がとても綺麗。色違いもあり、それぞれ美しいコントラストを見せています。

ぶどうと藤の花の刺繍がとてもきれい

718（養老2）年、僧行基が甲斐の国を訪れた時、夢の中に手にぶどうを持った薬師如来が現れました。その夢を喜び薬師如来像を刻んで安置し以来、行基は薬園をつくって民衆を救い、法薬のぶどうの作り方を村人に教えたのでこの地にぶどうが栽培されるようになり、これが甲州ぶどうの始まりだと伝えられています。

刺繍が素敵な御朱印帳はコントラストの美しさが冴え、社殿の佇まいと相俟ってぶどうと藤の花が香り立つような美しさです。

［御本尊］

●薬師如来像（やくしにょらいぞう）

脇侍の日光・月光菩薩を含めた三尊像は5年に1度1週間開帳される

＊住：山梨県甲州市勝沼町勝沼3559
＊T：0553-44-0027
＊アクセス：JR中央線「勝沼ぶどう郷駅」よりタクシーで約5分
● 御朱印帳：1,200円

山梨県

日《にち》蓮《れん》宗《しゅう》総《そう》本《ほん》山《ざん》 身《み》延《のぶ》山《さん》久《く》遠《おん》寺《じ》

裏表紙

表紙

▲ 樹齢400年ともいわれ、久遠寺のシンボルとして知られる枝垂れ桜と境内に建てられた五重塔が描かれた華やかな御朱印帳です。

［御朱印］

久遠寺のシンボル 枝垂れ桜と五重塔

身延山の山麓にある日蓮宗総本山で、日蓮聖人の入滅以来７００有余年、法灯絶えることなく歴代住職によって守護されてきました。鮮やかな緑地の御朱印帳には、久遠寺のシンボルで樹齢４００年ともいわれる枝垂れ桜と五重塔が描かれています。

鎌倉時代、疫病や天災が相次ぐ末法の世に法華経をもって人々を救おうとした日蓮聖人は、１２７４（文永11）年、身延山に入山。１２８１（弘安４）年には旧庵を廃して本格的な堂宇を建立しました。日蓮聖人のご遺言どおり、ご遺骨は身延山に奉ぜられ心霊とともに祀られました。法華経の功徳が満ち溢れる日本屈指のパワースポットです。

［御本尊］

十界勧請大曼荼羅（じっかいかんじょうだいまんだら）

＊住：山梨県南巨摩郡身延町身延3567
＊T：0556-62-1011
＊アクセス：JR身延線「身延駅」より車で約15分
● 御朱印帳：1,000円

長野県

生《いく》島《しま》足《たる》島《しま》神《じん》社《じゃ》

裏表紙

表紙

［御朱印］

▲ 華やかな御朱印帳には、池心宮園池の神島内に鎮座する御本社（上宮）が描かれています。

社殿を囲む神池と老樹が美と歴史を刻む

生島足島神社は日本の真ん中に位置するといわれています。生きとし生けるもの万物に生命力を与える「生島大神」と、生きとし生けるもの万物に満足を与える「足島大神」の二神が祀られ、摂社（下宮）には諏訪大神が祀られる信濃屈指の古社です。御本社は池に囲まれた神島に鎮座し、神島周囲に池を巡らせ神域とする様式は「池心宮園池」と称されています。

諏訪神社の前にある大欅（樹齢８００年）は当神社七不思議の一つ。東西左右２本で夫婦、更に西夫婦欅洞の中が夫婦になっており、良縁子宝・安産子育・夫婦円満のご利益があるといわれる有名なパワースポットです。

［御祭神］

●生島大神（いくしまのおおかみ）
万物を生み育て生命力を与える神

●足島大神（たるしまのおおかみ）
国中の万物を満ち足らしめる神

＊住：長野県上田市下之郷中池
＊T：0268-38-2755
＊アクセス：しなの鉄道「上田駅」より上田電鉄別所線「下之郷駅」下車、徒歩約3分
● 御朱印帳：1,200円

裏表紙

表紙

［御朱印］

▲ 咲き誇るつつじがが描かれた表紙と鳥居が並ぶ裏表紙です。

東京都

根《ね》津《づ》神《じん》社《じゃ》

江戸時代そのままの景色を望める古社

根津神社は今から1900年余の昔、日本武尊が千駄木の地に創祀したと伝えられる古社で、文明年間には太田道灌が社殿を奉建しています。江戸時代五代将軍徳川綱吉は世継が定まった際に現在の社殿を奉建、千駄木の旧社地より御遷座しました。

明治維新には、明治天皇御東幸にあたり勅使を遣わされ、国家安泰の御祈願を修められる等、古来御神威高い名社である。6代将軍家宣は幕制をもっての祭礼を定めて、「天下祭」と呼ばれる壮大な祭礼を執行しました。同じ格式による山王祭、神田祭とあわせ江戸の三大祭と言われています。

［祀られている神様］

- 須佐之男命（すさのおのみこと）
- 大山咋命（おおやまくいのかみ）
- 誉田別命（ほんだわけのみこと）
- 相殿：大国主命（おおくにぬしのみこと）・菅原道真公（すがわらみちざねこう）

＊住：東京都文京区根津1丁目28番9号　＊T：03-3822-0753
＊アクセス：千代田線根津駅「千駄木駅」、南北線「東大前駅」より徒歩約5分
三田線「白山駅」より徒歩約10分
● 御朱印帳：1,500円

裏表紙

［御朱印］

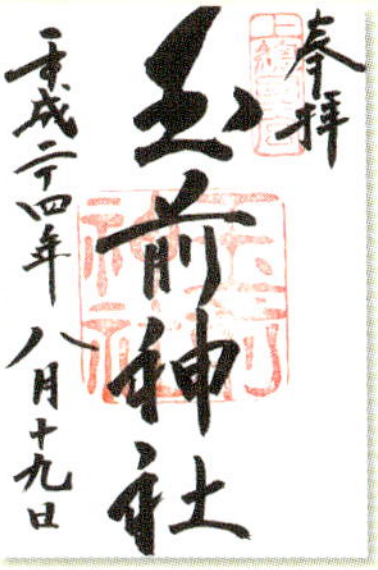

表紙

▲ 房総半島の九十九里浜の最南端に位置する玉前神社ならではの御朱印帳は、太平洋から昇る御来光をイメージした3種を頒布しています。

千葉県

玉《たま》前《さき》神《じん》社《じゃ》

太平洋から昇る御来光をイメージ

歴史の古い一宮町の名称の由来となった玉前神社は、上総国に祀られる古社。パワースポットとして知られるレイライン（御来光の道）の東の起点に位置し、御来光をイメージしてデザインされた御朱印帳は、白地、紺地など3種を頒布しています。

平安時代にまとめられた延喜式神名帳では名神大社として列せられ、全国でも重きをおく神社として朝廷や豪族、幕府の信仰を集めて格式を保ってきました。永禄年間に大きな戦火により明らかではありませんが、毎年行われる例祭は1200年の歴史があり、関東一円から大勢の人が集まります。

［祀られている神様］

●玉依姫命（たまおりひめのみこと）

赤ちゃんを守り育てる乳母神様。古事記には海からこの地に上がり、豊玉姫命に託された鵜葺草葺不合命を養育した

＊住：千葉県長生郡一宮町一宮3048番地
＊T：0475-42-2711
＊アクセス：JR外房線「上総一之宮駅」より徒歩約8分
● 御朱印帳：1,200円

千葉県

下総国《しもうさのくに》総鎮守《そうちんじゅ》 葛《かつ》飾《しか》八《はち》幡《まん》宮《ぐう》

表紙2

表紙1

[御朱印]

▲ 国の天然記念物でもある千本公孫樹は推定樹齢1200年ともいわれています。その黄金色に輝く御神木がデザインされた御朱印帳です。

推定樹齢１２００年 御神木の大公孫樹

創建は平安朝８８９〜８９８年の寛平年間。宇多天皇の勅願により京都の石清水八幡宮より勧請、下総の国の総鎮守八幡宮として鎮座したのが始まりといわれています。紺色が基調の御朱印帳には、御神木であり国の天然記念物でもある千本公孫樹がダイナミックにデザインされています。

御鎮座以来、歴代朝廷の御崇敬篤く、代々の国司、郡司をはじめ国民の信仰も深まりました。さらに、平将門の奉幣、源頼朝の社殿改築、太田道灌の社壇修復、徳川家康の御朱印ほか社領５２石の寄進と尊信篤く、下総国の葛飾文化や八幡信仰の中心となりました。

[祀られている神様]

●誉田別命（ほむだわけのみこと）
厄除開運のご神徳、文教の祖神、殖産興業の神の応神天皇

●息長帯姫命（おきながたらしひめのみこと）　安産、武運の神の神功皇后

●玉依姫命（たまよりひめのみこと）　育児守護の神

＊住:千葉県市川市八幡4丁目2番1号　＊T:047-332-4488
＊アクセス:JR総武線または都営新宿線「本八幡駅」より徒歩約10分、京成電鉄「京成八幡駅」より徒歩約5分
● 御朱印帳:1,200円

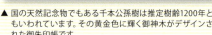

千葉県

小湊山《こみなとさん》 誕《たん》生《じょう》寺《じ》

裏表紙

表紙

▲ 御朱印帳の表紙に金糸の刺繍で描かれた日蓮聖人の御幼像。ひときわ華やかな紫色の表装で、霞と松とのコントラストも目を引きます。

［御朱印］

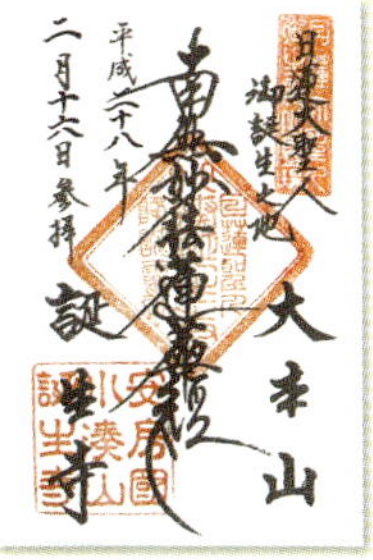

鮮やかな紫の地に輝く日蓮聖人御幼像

1222（貞応元）年2月16日、日蓮宗の宗祖となる日蓮聖人が小湊片海の地に降誕しました。幼名は善日麿といい、12歳までこの地で暮らしたと伝えられています。ひときわ華やかな紫色の御朱印帳には、金糸の刺繍で日蓮聖人の御幼像が大きく描かれています。

庭先から湧き出した泉を産湯に使ったとされる誕生水井戸や時ならぬ青蓮華が咲いた蓮華ケ渕の浜辺、大小の鯛の群れが見られたという妙の浦の三奇端がこの地に伝えられています。直弟子の日家上人が1276（建治2）年、聖人生家跡に一宇を建立し、高光山日蓮誕生寺と称したのが始まりです。

［御本尊］

●久遠実成本師釈迦牟尼仏（くおんじつじょうほんししゃかむにぶつ）

法華経本門の教主釈尊、祖師堂奥本師殿に祀られている。本堂の本尊は徳川御三家水戸光圀公が寄進したもので、釈尊悟りの境界を仏像で顕した木造十界本尊、大仏師・左京法眼康裕作

＊住：千葉県鴨川市小湊183番地
＊T：04-7095-2621
＊アクセス：JR外房線「安房小湊駅」より車で約5分
● 御朱印帳：2,000円

千葉県

東《とう》漸《ぜん》寺《じ》

裏表紙

表紙

▲ 青を背景にしだれ桜が松と本殿を優しく包み、凛とした日本の伝統美を感じる事ができます。

［御朱印］

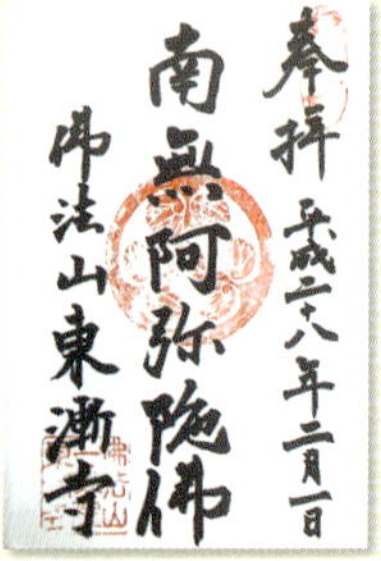

しだれ桜が優しく包む静けさ

1481（文明13）年の開創です。この後約60年後の天文年間、現在地に移され、江戸時代初期に関東十八檀林の一つとされた名刹であります。檀林となった東漸寺は、広大な土地を持ち、多くの建物を擁しました。名実ともに大寺院へと発展し、明治初頭に明治天皇により勅願所となりました。3月下旬には、樹齢330年を誇るしだれ桜や鶴亀の松、11月下旬には300本のモミジの美しい紅葉等、日本の伝統美を感じる事ができます。

御朱印帳は品のよい青を背景にしだれ桜が辺りを優しく包み、凛と佇む本殿が美しく映えていて美しい仕上がりとなっています。

［御本尊］

阿弥陀如来（あみだにょらい）

阿弥陀如来図は菩薩来迎図と共に江州坂本の寺にあったと伝えられる

＊住：千葉県松戸市小金359番地
＊T：047-345-1517
＊アクセス：JR「北小金駅」南口より徒歩約7分
● 御朱印帳：1,000円

裏表紙

［御朱印］

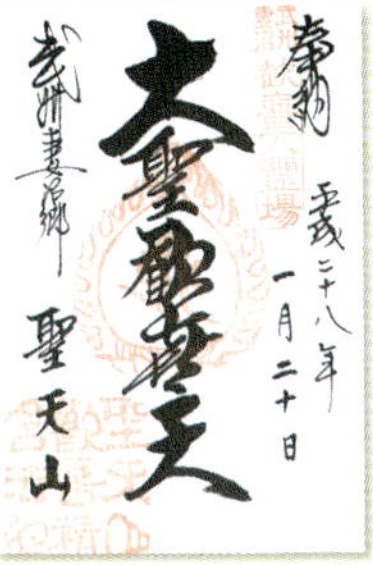

表紙

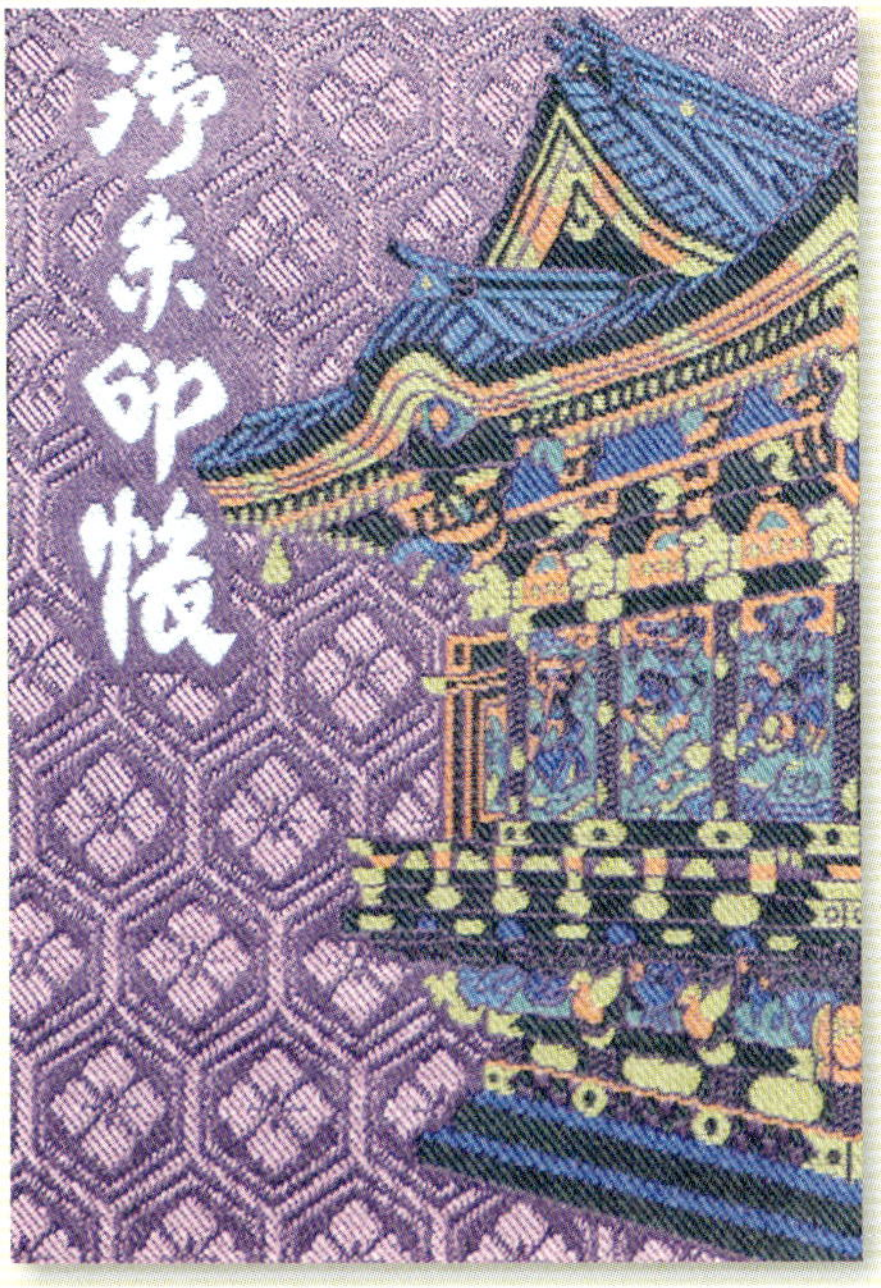

▲ オリジナルの御朱印帳に描かれているのは、左甚五郎作の彫刻までも再現した絢爛豪華な本殿の外壁です。

埼玉県

国《こく》宝《ほう》妻《め》沼《ぬま》聖《しょう》天《でん》山《ざん》 歓《かん》喜《ぎ》院《いん》

埼玉日光と呼ばれる豪壮華麗な本殿外壁

鮮やかな色の御朱印帳に描かれているのは、国宝の御神殿で、側面には左甚五郎作の彫刻もあります。

妻沼聖天山は日本三大聖天の一つに数えられる名刹です。1179（治承3）年斎藤別当実盛公が当地の庄司として、聖天尊（大聖歓喜尊天）を祀ったのに創まります。本殿は日光の流れを汲む江戸中期の建造物で、左甚五郎作の彫刻は、優れた技術と当時の庶民の44年も喜捨を続けた浄財により造られたことが評価されて2012（平成24）年に国宝に指定されました。境内には数多くの建造物があり、貴惣門は国指定重要文化財です。

［御本尊］

● 大聖歓喜天（だいしょうかんぎてん）

良縁成就、商売繁盛、家内安全、交通安全、学業成就など

＊住：埼玉県熊谷市妻沼1511番地
＊T：048-588-1644
＊アクセス：JR高崎線「熊谷駅」よりバスで約25分
● 御朱印帳：1,500円

東京都

経栄山《きょうえいざん》 題《だい》経《きょう》寺《じ》

裏表紙

表紙

▲「男はつらいよ」シリーズでおなじみの帝釈天。御朱印帳には入母屋造瓦葺で屋根に唐破風と千鳥破風を付けた帝釈堂が描かれています。

［御朱印］

柴又帝釈天で有名な題経寺帝釈堂の絵柄

「生まれも育ちも葛飾柴又。帝釈天で産湯をつかい…」と、フーテンの寅さんの口上で知られる日蓮宗の寺院。御朱印帳には入母屋造瓦葺で屋根に唐破風と大きな千鳥破風を付けた帝釈堂が描かれています。

江戸時代初期の寛永年間に禅那院日忠と題経院日栄という僧によって開創されました。帝釈天の板本尊があると伝えられましたが、所在不明になっていたところ本堂修理の際に棟の上より発見。その吉日が庚申に当たったことから、「庚申侍」の民間信仰と結びつき、宵庚申の参詣が盛んになりました。また柴又七福神巡りの一つである毘沙門天をお祀りしています。

［御本尊］

●帝釈天（たいしゃくてん）

軍神・護法の善神様。インド最古の聖典である「リグ・ヴェーダ」の中で最も多くの賛歌を捧げられている

✻住：東京都葛飾区柴又7丁目10番3号
✻T：03-3657-2886
✻アクセス：京成線「柴又駅」より徒歩約3分
●御朱印帳：1,200円

東京都

小《こ》網《あみ》神《じん》社《じゃ》

裏表紙

表紙

［御朱印］

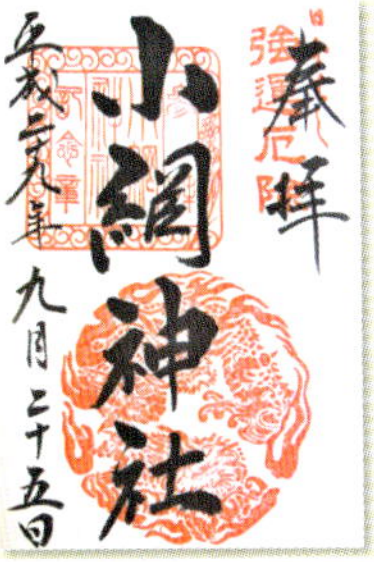

▲ 黄金色をベースに龍が刺繍された豪華な御朱印帳です。

向拝に彫られた龍がモチーフの御朱印帳

日本橋七福神の一つで、強運厄除の神社です。厄除で有名になったのには理由があります。社殿を含む建物全体が東京大空襲の戦災を免れ、第二次世界大戦の際、神社の御守を受け戦地に赴いた兵士が全員無事で帰還したことから、強運厄除の神様として崇められるようになりました。

さらに、境内の「銭洗いの井」で金銭を清め、財布に入れておくと財運を授かることから「東京銭洗い弁天」とも呼ばれています。龍をモチーフにした御朱印帳の他に毎年11月に行われるどぶろく祭の際に有料にて授与される御守「下町のみみずく」を刺繍した御朱印帳も頒布しています。

［祀られている神様］

● 市杵島比賣神（いちきしまひめのかみ）
弁財天。像が舟に乗った形のため「万福舟乗弁財天」と称される

● 倉稲魂神（うがのみたまのかみ）　お稲荷大神

● 福禄寿（ふくろくじゅ）　様々な徳を授ける神様

＊住：東京都中央区日本橋小網町16番23号
＊T：03-3668-1080
＊アクセス：東京メトロ日比谷線「人形町駅」より徒歩約5分
● 御朱印帳：2,000円

栃木県

天《てん》開《かい》山《ざん》 大《おお》谷《や》寺《じ》

裏表紙

［御朱印］

表紙

▲まるで屋根のように張り出した迫力ある大谷石とその真下に建てられた本堂の観音堂が、鮮やかな紺地の御朱印帳に描かれています。

大谷石が屋根のように張り出した観音堂

日本最古の石仏を有する坂東三十三観音霊場の札所です。この地域は大谷石の産地として知られ、本堂は切り立った岩が庇のように張り出したところに建てられました。迫力ある大谷石と観音堂が西陣織の御朱印帳に描かれています。

810（弘仁元）年、空海によって本尊の大谷観音が彫られて開山したと伝えられています。堂内岩壁面に彫刻された十躰の石仏（千手観音、伝釈迦三尊像、伝薬師三尊像、伝阿弥陀三尊像）は、石像彫刻の中で最も優秀な技巧を究めたものとして1954（昭和29）年に特別史跡、7年後に重要文化財と日本初の二重指定を受けました。

［御本尊］

● 千手観音（せんじゅかんのん）

通称・大谷観音。大谷石に空海（弘法大師）が彫られたと伝えられる

✻ 住：栃木県宇都宮市大谷町1198番地
✻ T：028-652-0128
✻ アクセス：JR東北本線「宇都宮駅」よりバスで約30分
● 御朱印帳：1,200円

栃木県

小山《おやま》 須《す》賀《が》神《じん》社《じゃ》

裏表紙

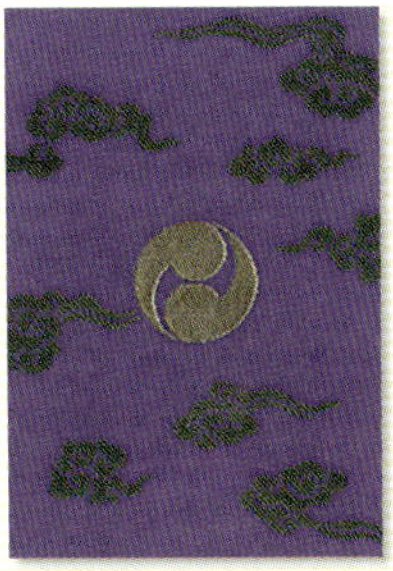

表紙

［御朱印］

▲ 鮮やかな紫の地に朱色の大鳥居と金糸で描いた神紋が特徴の御朱印帳。裏表紙には霊芝雲文の文様の中に神紋が置かれています。

紫の地に大鳥居と金糸で描いた神紋

創祀は天慶の乱において素盞嗚命に戦勝を祈願した藤原秀郷公が、940（天慶3）年に京都の祇園社から御分霊を勧請して祀ったのが始まりとされています。当初は字北山（現中久喜）に祀られたが、小山城築城に際し城の鎮守と仰がれ1159～60年（平治年間）に現社地に遷座されました。鮮やかな紫の地に朱色の大鳥居と金糸で描いた神紋が特徴の御朱印帳です。

1600（慶長5）年、境内にて小山評定を開き、参籠して関が原の戦勝を祈願した徳川家康公が、祈願成就の報賽として51石余の社領を寄進しました。その寄進状は市指定の文化財として社蔵されています。

［祀られている神様］

● 素盞嗚尊（すさのおのみこと） 伊弉冉尊の子。天照大神の弟

● 大己貴命（おおなむちのみこと） 縁結びの神様、大国主神とも

● 誉田別命（ほむだわけのみこと）
八幡神とも称し、武の神。応神天皇、厄除開運のご神徳、文教の祖神、殖産興業の神

＊住：栃木県小山市宮本町1丁目2番4号
＊T：0285-22-0101
＊アクセス：JR東北本線、水戸線、両毛線「小山駅」より徒歩約8分
● 御朱印帳：1,000円

秋田県

太《たい》平《へい》山《ざん》三《み》吉《よし》神《じん》社《じゃ》総《そう》本《ほん》宮《ぐう》

裏表紙

表紙

▲ 太平山と社殿と神紋が静かに配置されています。裏面は三吉節の一節が描かれていて動きがあります。

［御朱印］

三つの吉の字を丸形にした神紋

天武天皇の673（白鳳2）年、役の行者小角の創建と伝えられ、太平山の山頂に奥宮、赤沼に里宮が鎮座しています。北海道から福島まで北日本各地、またブラジルサンパウロに祀られる三吉神社・太平山講・三吉講の総本宮として「みよしさん」「さんきちさん」の愛称で親しまれ、全国より参詣者が訪れています。

表は太平山と社殿、神紋で、神紋は三つの吉の字を丸形に収めたものです。裏には梵天祭の梵天と三吉節（梵天唄）の一節が描かれています。

［祀られている神様］

- 大己貴大神（おおなむちのおおかみ）
- 少彦名大神（すくなひこなのおおかみ）
- 三吉霊神（みよしのおおかみ）

以上3神を三吉霊神と称する

＊住:秋田県秋田市広面字赤沼3の2
＊T:018-834-3443
＊アクセス:JR「秋田駅」より車で約6分
● 御朱印帳:2,000円

山形県

鶴《つる》ヶ《が》岡《おか》城《じょう》址《し》 荘《しょう》内《ない》神《じん》社《じゃ》

表紙1

表紙2

［御朱印］

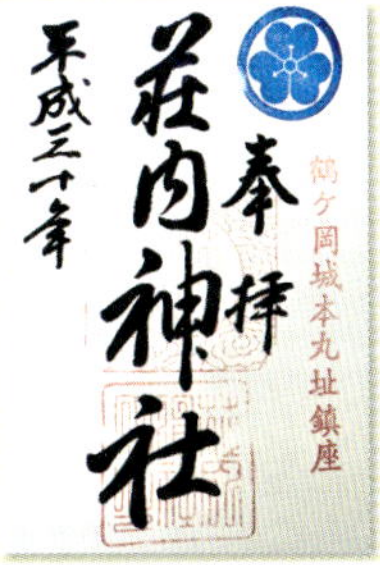

▲ 表装には鶴ヶ岡城と忠明公の御歌、当地の日本桜100選にあやかった満開の桜と花びらがちりばめられた美しい御朱印帳です。

忠明公と御歌と桜に復元された鶴ヶ岡城

鶴ヶ岡城の本丸御殿跡に酒井忠次公を始めとする藩主酒井家の四柱を御祭神として祀っている神社です。御朱印帳には、復元画で描かれた鶴ヶ岡城と忠明公の御歌、荘内神社がある城趾公園「鶴岡公園」の日本桜１００選にあやかって桜がちりばめられています。

創建は１８７７（明治10）年。江戸時代の終焉とともに２５０年にわたる藩政が解かれましたが、その後も旧藩主を敬い慕う領民たちによって、心の拠り所となる出羽之国荘内の産土神として創建されました。以来、開運招福、家内和合、産業繁栄の神様として、多くの人々の信仰を集めています。

［ 祀られている神様 ］

●酒井忠次公（さかいただつぐこう）　初代荘内藩主、徳川家第一の重臣
●酒井家次公（さかいいえつぐこう）　二代荘内藩主、徳川家康公の家臣
●酒井忠勝公（かさいただかつこう）　三代荘内藩主、米の国荘内の基礎を築いた
●酒井忠徳公（さかいただありこう）　九代荘内藩主、藩校致道館を創始

＊ 住:山形県鶴岡市馬場町4番1号
＊ T:0235-22-8100
＊ アクセス:JR羽越本線「鶴岡駅」よりバスで約8分
● 御朱印帳:1,200円

裏表紙

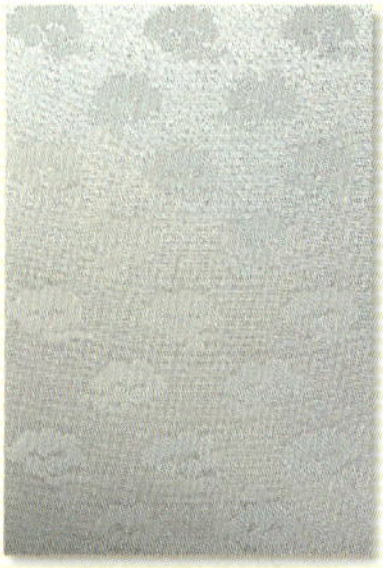

表紙

▲ 社紋である赤い太陽を背負った鶴、「日負鶴」をあしらった品のある美しい御朱印帳です。

島根県

石見国一宮《いわみのくにいちのみや》

物《もの》部《のべ》神《じん》社《じゃ》

日本の美を感じる「日負鶴」が美しく舞う

御祭神宇摩志麻遅命は神武天皇の大和平定を助けた後、一族を率いて石見国で歿したといわれ、現在の社殿の背後にある八百山に葬られました。天皇の勅命により513（継体天皇8）年に社殿が創建され、その後3度焼失しましたが、753（宝暦3）年再建され、1856（安政3）年、宝暦時の規模で改修され現在に至っています。

社紋である赤い太陽を背負った鶴「日負鶴」をあしらった御朱印帳は、日本の美を感じ品のある美しい仕上がりです。鶴の舞う姿が優雅です。

［ 祀られている神様 ］

● 宇摩志麻遅命（うましまぢのみこと）

文武両道・鎮魂・勝負、神職の始めを為す神

＊住:島根県大田市川合町川合1545
＊T:0854-82-0644
＊アクセス:JR山陰本線「大田市駅」よりバス約20分、タクシー約10分
● 御朱印帳:1,000円

山口県

防《ほう》府《ふ》天《てん》満《まん》宮《ぐう》

裏表紙

表紙

▲ 道真公の最後の句「東風吹かば匂ひおこせよ梅の花、主なしとて春な忘れそ」が有名。御朱印帳にはその梅の花が描かれています。

［御朱印］

紅白の梅の花は天神様のシンボル

菅原道真公を祀った日本最初の天神様として知られています。天神様のシンボルである梅の花をデザインした御朱印帳を頒布しています。

太宰府に下られる途中に滞在した道真公が「身は筑紫にて果つるとも、魂魄は必ずこの地に帰り来らん」とお誓いになられました。その後の903（延喜3）年、道真公が亡くなられた日に勝間の浦に神光が現れ、酒垂山に瑞雲が棚引いたと伝えられています。翌年、酒垂山に社殿を建立し松崎の社と号して創建されました。これをもって日本最初の天満宮とし、北野天満宮、太宰府天満宮と共に日本三天神と称されています。

［ 祀られている神様 ］

●菅原道真（すがわらみちざね）

忠臣として名高く宇多天皇に重用され寛平の治を支えた。学問の神として親しまれている

✻ 住:山口県防府市松崎町14番1号
✻ T:0835-23-7700
✻ アクセス:JR山陽本線「防府駅」より徒歩約15分
● 御朱印帳:1,000円

石川県

尾《お》山《やま》神《じん》社《じゃ》

裏表紙

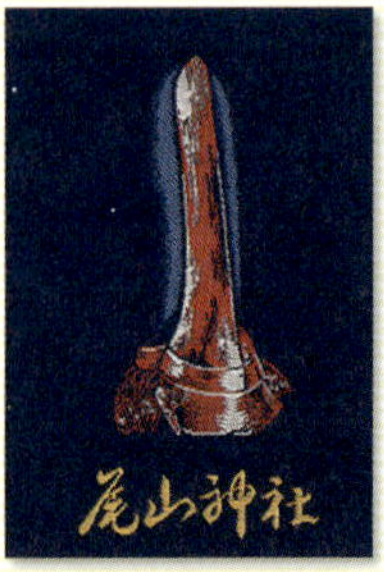

表紙

▲ 和漢洋を混用したギアマン張りの神門は、兼六園とならぶ金沢のシンボル。裏表紙は利家公が身につけた大鯰尾形の冑の絵柄です。

[御朱印]

緑に囲まれた境内が御朱印帳に

1873(明治6)年に創建された加賀藩祖、前田利家公と正室お松の方が祀られています。御朱印帳には和漢洋を混用し、兼六園とともに金沢のシンボルとなっている神門と拝殿、裏表紙には御祭神、前田利家公の冑が描かれています。

前田利家公の薨去は1599(慶長4)年。二代目利長公が利家公を祀ろうとしましたが、徳川幕府をはばかり、守護神としていた物部八幡宮と榊葉神明宮を遷座する名目で卯辰山麓に社殿を建立、利家公の神霊を合祀しました。廃藩置県後、旧加賀藩士たちが祭祀を継続し、現在の社地に社殿を新築し尾山神社と称しました。

[祀られている神様]

● 前田利家公(まえだとしいえこう)

加賀藩の藩祖。無病息災、家内安全、社業繁栄を祈願。1998(平成10)年には正室お松の方も合祀された

* 住:石川県金沢市尾山町11番1号
* T:076-231-7210
* アクセス:JR北陸本線「金沢駅」より北陸鉄道グループバス「南町」下車、徒歩約5分
● 御朱印帳:1,500円

愛知県

祖父江《そぶえ》 善《ぜん》光《こう》寺《じ》東《とう》海《かい》別《べっ》院《いん》

表紙

表紙2

裏表紙

▲ 蓮池と本堂を切り絵風に描いた上品なデザインの御朱印帳です。

切り絵風に描いた蓮池と本堂の風景

1910（明治43）年、開基旭住上人が信州善光寺本坊大勧進より善光寺如来様を勧請して創設した信州善光寺の別院です。

御朱印帳の表紙には蓮の花、裏には蓮池と本堂が切り絵風に描かれていて、濃い緑色のしっくなバージョンも用意されています。

開基旭住上人は、本堂建立のため勧進活動の一環として「善光寺如来絵伝ご絵解き」を行いました。ご絵解きとは、絵画の内容を口頭で解説することです。堂内には極楽をこの世で拝める極楽かいだんめぐりがあります。

［ 御本尊 ］

善光寺如来（ぜんこうじにょらい）

現当二世（この世もあの世も）お守りくださるありがたい仏さま

＊住：愛知県稲沢市祖父江町祖父江南川原57番2号

＊T：0587-97-0043

＊アクセス：東海道新幹線「岐阜羽島駅」より車で約15分

● 御朱印帳：2,000円（大）、1,100円（小）

北海道

美《び》瑛《えい》神《じん》社《じゃ》

表紙

裏表紙

▲ 美瑛の絶景をイメージして作られたオリジナル御朱印帳。鮮やかな空と大地が描かれています。

［御朱印］

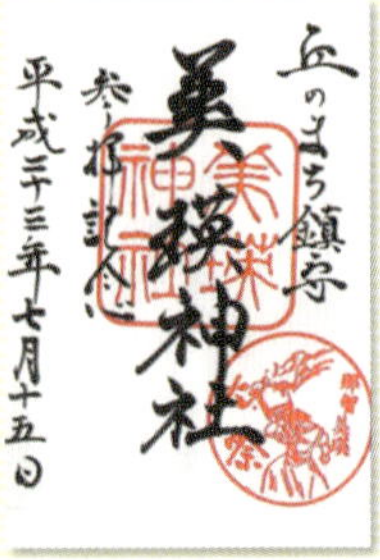

澄んだ空気の中に佇む美瑛神社

1897（明治30）年、村民が入植前の郷里熊野坐神社より「家都御子命」の御分霊を受け「小祠」を建立し仮の社殿としてお祀りしたのが始まりとされます。1907（明治40）年、村名をとり美瑛神社と称することとなりました。現在の社殿は1995（平成7）年に移転造営されたものです。近年、某有名スピリチュアルアドバイザーに強力な恋愛運アップパワースポットと称賛を受け、北海道三大パワースポットの一つとも言われるようになりました。また、社殿【美瑛神社】の名前の上にあるハートマークをはじめとした境内のあちこちにある『隠れハート』探しが人気の一つにもなっています。

［祀られている神様］

- 天照大神（あまてらすおおかみ）
- 伊邪奈岐神（いざなぎのかみ）
- 伊邪奈美神（いざなみのかみ）
- 家都御子神（けつみこのかみ）
- 大國主神（おおくにぬしのかみ）

＊住：上川郡美瑛町東町4丁目1番1号　＊T：0166-92-1891
＊アクセス：JR「美瑛駅」より道北バス「白金温泉行き丸山」下車約10分、JR「美瑛駅」より車で約5分
● 御朱印帳：1,500円

裏表紙

表紙

▲ 上川百万石の礎であるこの旭川兵村（現在の東旭川）の稲穂を織り込んだデザインです。

［御朱印］

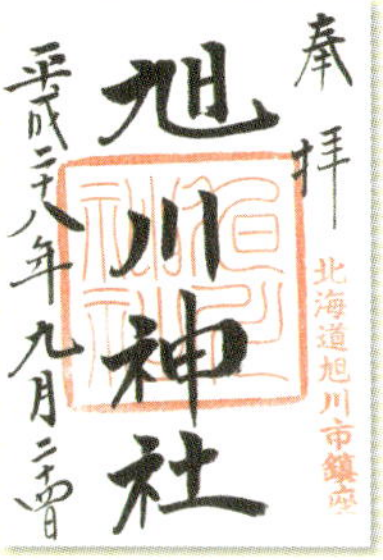

北海道

旭《あさひ》川《かわ》神《じん》社《じゃ》

美の神と大雪山のパワーが恋愛運を招くお社

旭川地方は、1892（明治25）年、屯田兵の大量入植によって本格的な開拓がはじまりました。その屯田兵が中心となって1893（明治26）年に天照大神、木花開耶姫命の二柱を祭神として本殿を造営し、村名をとり旭川神社と称しました。

この地は風水的にみると大雪山・旭岳を源とする気のエネルギーのルート上にあり、懐妊安産、家内安全、心身堅固、五穀豊穣、商売繁盛にご利益があると言われています。特に御祭神の一柱に、木花咲耶姫命（このはなさくやひめ）という美しい女神様がお奉りされており、美の神のパワーによる懐妊安産についてはご利益があるとされています。

［祀られている神様］

- 天照大神（あまてらすおおかみ）
- 木花開耶姫命（このはなさくやひめのみこと）

＊住:旭川市東旭川南1条6丁目8番14号　＊T:0166-36-1818

＊アクセス:JR石北本線「東旭川駅」より徒歩約3分、JR「旭川駅」より旭川電気軌道バス旭山動物園線41・40番、東旭川6丁目47番、「東旭川6丁目」下車約3分

● 御朱印帳:1,500円

北海道

北海道総鎮守《ほっかいどうそうちんじゅ》

北《ほっ》海《かい》道《どう》神《じん》宮《ぐう》

表紙

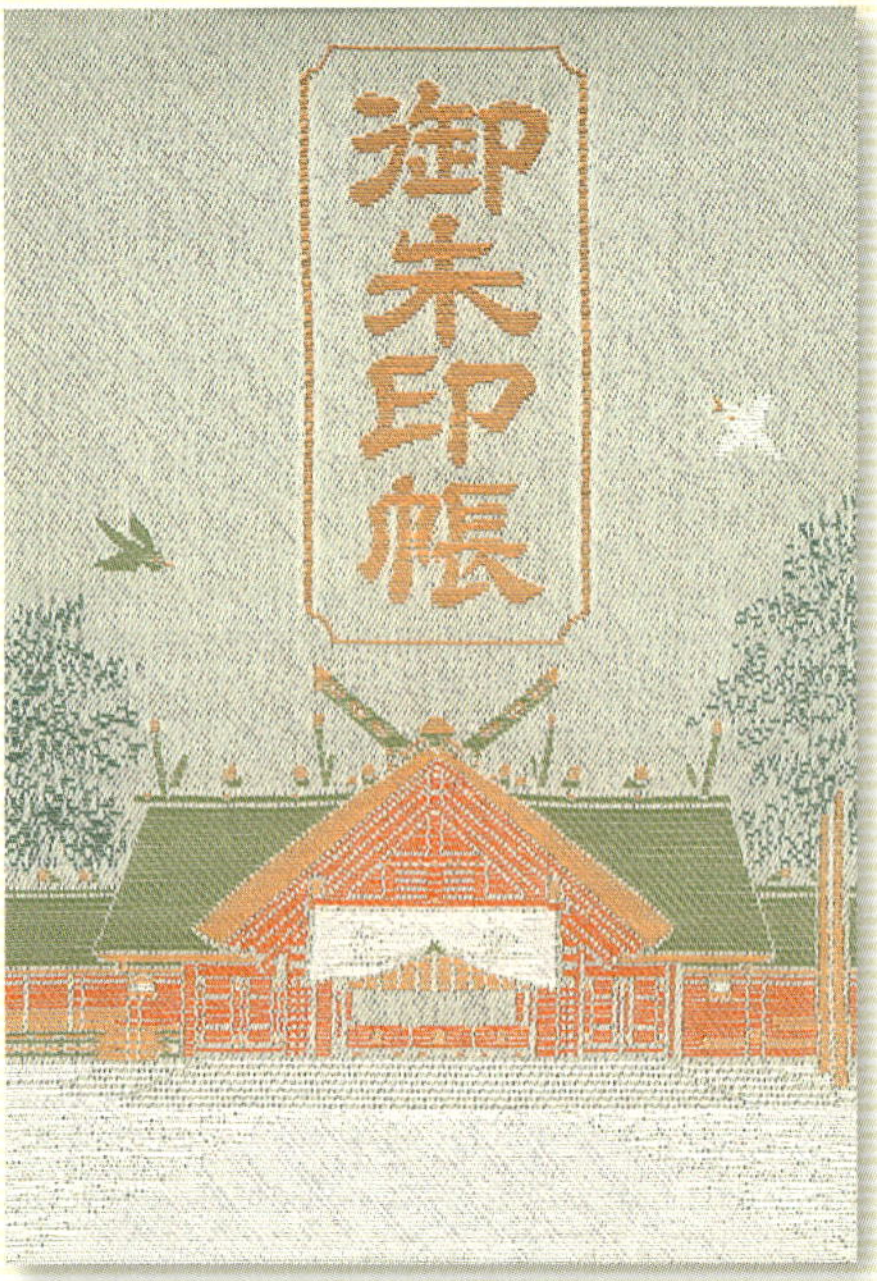

▲ 社殿をイメージした御朱印帳はシンプルだが広大な境内を思わせる。

［御朱印］

清々しい北海道の
イメージが広がる

清々しい北海道のイメージが広がる

北海道の開拓経営を行うため、蝦夷地は北海道と改称されました。伊勢神宮御正殿の古材の下附により造営され、1964（昭和39）年10月5日、明治天皇が御増肥となり、北海道神宮と改称されました。

北海道神宮は、北海道の開拓・経営を守護するために、明治天皇の思し召しによって北海道の地に肥られ、その発展とともに、市民に親しまれています。

社殿を模した御朱印帳には北海道の清々しい空気が感じられ、シンプルさの中に広大な大地をイメージすることができます。

［祀られている神様］

● 大国魂神（おおくにたまのかみ）

北海道の国土の神

他3柱の神を合祀

＊ 住:北海道札幌市中央区宮ヶ丘474
＊ T:011-611-0261　＊ F:011-611-0264
＊ アクセス:地下鉄東西線「円山公園駅」より徒歩約15分
● 御朱印帳:1,000円

裏表紙

表紙

［御朱印］

▲ 西野神社御祭神の安産の御神徳に因み安産の象徴とされる犬を配している120周年記念碑が描かれています。

北海道

西《にし》野《の》神《じん》社《じゃ》

縁結びのご利益で有名な女性に大人気の神社

西野地域の開拓は、１８８５（明治18）年、故郷から産土神を抱いて渡道した五戸の入植者達によって開始され、この五戸の人々が開拓の守護神として三柱を奉斎する小祠を当時の西野地域の中心とおぼしき所に建立したのが、西野神社の起こりとされます。１９９５（平成７）年には、創祀百十年記念事業の一環として授与所が新築され、また２００５（平成17）年には、創祀百二十年記念事業の一環として拝殿向拝と境内の参道への御影石敷設が行われ、境内はほぼ現在の様相となるものの、境内の風景は現在も変化を続けている縁結びで有名な神社で年間３０００人もの女性参拝者が訪れています。

［祀られている神様］

- 豊玉姫命（とよたまひめのみこと）
- 鵜茅葺不合命（うかやふきあえずのみこと）
- 品陀和気命（ほんだわけのみこと）

＊住：札幌市西区平和1条3丁目　＊T：011-661-8880
＊アクセス：地下鉄東西線「発寒南駅」から中央バス西野平和線「平和の滝入口」行に乗車、「平和1条3丁目」下車徒歩約1分
● 御朱印帳：1,800円

東京都

高《たか》幡《はた》不《ふ》動《どう》尊《そん》金《こん》剛《ごう》寺《じ》

裏表紙

表紙

▲ 不動堂と五重塔のほか、天井画・鳴り龍を描いた御朱印帳もあります。

［御朱印］

緑豊かな境内にお堂と五重の塔

関東三大不動の一つで、高幡不動尊の名で親しまれている真言宗智山派別格本山の寺院です。平安時代初期、清和天皇の勅願によって慈覚大師円仁が、金剛寺を東関鎮護の霊場と定め不動堂を建立したのが始まりとされています。緑豊かな境内に不動堂と五重塔が見事な構図でデザイン化され凛とした空気が感じられる御朱印帳です。

新選組・土方歳三の菩提寺としても知られており近藤勇・土方歳三両雄の碑や、土方歳三の銅像、又大日堂には土方歳三の位牌や新選組隊士慰霊の大位牌等、更に奥殿では歳三の書簡ほか多くの新選組資料が展示されています。

［御本尊］

●不動明王（ふどうみょうおう）

大日如来様の化身

＊住:東京都日野市高幡733番地

＊T:042-591-0032

＊アクセス:京王線、多摩都市モノレール「高幡不動駅」より徒歩約5分

● 御朱印帳:1,200円

東京都

深《じん》大《だい》寺《じ》

裏表紙

［御朱印］

表紙

▲ 山内で一番古い建物で切妻の茅葺き屋根の山門と白鳳釈迦如来倚像が刺繍されているやさしい色調の御朱印帳を頒布しています。

国宝白鳳仏と山内で一番古い山門

日本三大だるま市の一つ「厄除元三大師大祭」で知られる天台宗別格本山の仏教寺院。御朱印帳の表紙には、山内で一番古い建物の山門、裏には穏やかに微笑む白鳳仏が描かれています。

満功上人の父・福満が、郷長右近の娘と恋仲となりましたが、右近夫妻はこれを悲しみ、娘を湖水中の島にかくまってしまいます。福満は深沙大王に祈願して、霊亀の背に乗ってかの島に渡ることができました。娘の父母もこの奇瑞を知って二人の仲を許し、生まれたのが満功上人であったと伝えられます。満功上人は出家して仏教を学び、733（天平5）年にこの地に深沙大王を祀りました。

［ 御本尊 ］

●宝冠阿弥陀如来（ほうかんあみだにょらい）

日本浄土数の祖でもある恵心僧都源信（えしんそうずげんしん）の作といわれる。頭部に宝冠を戴くもので、天台密教で用いる金剛界曼荼羅に描かれている特徴的な姿をしている

＊住：東京都調布市深大寺元町5丁目15番1号
＊T：042-486-5511
＊アクセス：京王線「調布駅」または「つつじヶ丘駅」よりバスで約15分
● 御朱印帳：1,500円

表紙2

［御朱印］

表紙1

▲ 満開の桜をあしらったこの御朱印帳は地元の織物を使用。富士の裾野にたなびく雲と桜の柄も人気です。（御朱印帳は2種類、各2色）

山梨県

北口《きたぐち》本宮《ほんぐう》冨士《ふじ》浅間《せんげん》神社《じんじゃ》

華やかに桜の花を散りばめた御朱印帳

御朱印帳にあしらわれているのは満開の桜。匂いたつような桜の花が美しく描かれています。富士山と雲に桜を配した紺地の御朱印帳も頒布しています。

神社の創建は110（景行天皇40）年。古代、富士のような高い山、美しい山は神のおわす山として人が入る事は禁忌でした。よって当地は、富士山を遥かに拝み祭祀を行う場であり、現在、拝殿を囲んでいる巨木はその神域を物語っています。

1733〜1738（享保18〜元文3）年までの6年間で、境内社殿の大造営を行い、現存する建物のほとんどは噴火の被害は受けずに当時のままの荘厳な趣を伝えています。

［ 祀られている神様 ］

● 木花開耶姫命（このはなさくやひめのみこと）
● 彦火瓊瓊杵尊（ひこほのににぎのみこと）
● 大山祇神（おおやまづみのかみ）

＊住：山梨県富士吉田市上吉田5558番地
＊T：0555-22-0221
＊アクセス：富士急行線「富士山駅」より徒歩約20分
● 御朱印帳：2,000円（表紙1）、1,500円（表紙2）

静岡県

久《く》能《のう》山《ざん》東《とう》照《しょう》宮《ぐう》

裏表紙

［御朱印］

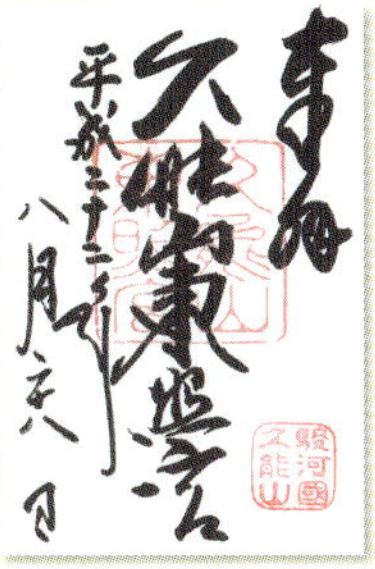

表紙

▲ 久能海岸からの石段と社殿の図柄、ご当地名物のいちごが可愛い御朱印帳です。

ワンポイントのいちごが可愛らしい

御祭神である徳川家康公は幼少の頃より艱難辛苦を跳ね除け、征夷大将軍に就き1616（元和2）年4月17日、75年の生涯を大成した。徳川家康公は生前、家臣に対し自分の死後について「遺体は駿河国の久能山に葬り、江戸の増上寺で葬儀を行い、三河国の大樹寺に位牌を納め、一周忌が過ぎて後、下野の日光山に小堂を建てて勧請せよ、関八州の鎮守になろう」との遺言を残されました。

この御遺命により御遺骸を久能山に埋葬し、その地に2代将軍秀忠公の命により久能山東照宮が創建されました。久能海岸からの石段と社殿の図柄、ご当地名物のいちごが可愛い御朱印帳です。

［祀られている神様］

●徳川家康公（とくがわいえやすこう）

無事長久、開運厄除、学芸成就、病気平癒の神

＊住：静岡県静岡市駿河区根古屋390

＊T：054-237-2438

＊アクセス：JR「静岡駅」よりタクシーで約30分（料金は小型の場合約4,200円）

● 御朱印帳：1,800円（御朱印料含む）

鹿児島県

鹿《か》児《ご》島《しま》縣《けん》護《ご》國《こく》神《じん》社《じゃ》

表紙

▲ 護国神社といえば桜。咲き誇る桜と今にも開きそうなつぼみ、散りゆく花びらをモダンにレイアウトした上品なデザインの御朱印帳です。

霞たなびく藤色の布地に桜の花とつぼみを配置

幕末期から現在までに尊い生命を祖国のために捧げた鹿児島県出身者の英霊７７０００余柱をお祀りしています。御朱印帳は藤色の地に桜の花とつぼみを配置した上品なデザインです。

１８６８（明治元）年、戊辰の役に於いて戦功の大きかった薩摩藩の戦死者の忠魂を永久にお祀りせよとの明治天皇の思し召しにより、朝廷より金５００両を賜り、山之口馬場町に靖献霊社という神社を建立したのが始まりです。このような趣旨に基づいて全国の護国神社に先駆けて建立された鹿児島縣護國神社は、「護國の神、平和繁栄の神」として多くの方々に崇敬されています。１８７５（明治8）年に鹿児島招魂社に改称、１９３９（昭和14）年に現社名となりましたが戦後は薩隅頌徳神社に改称。のちに復称となりました。

日本古来の図案を
現代風にアレンジした
おしゃれな絵柄

［御朱印］

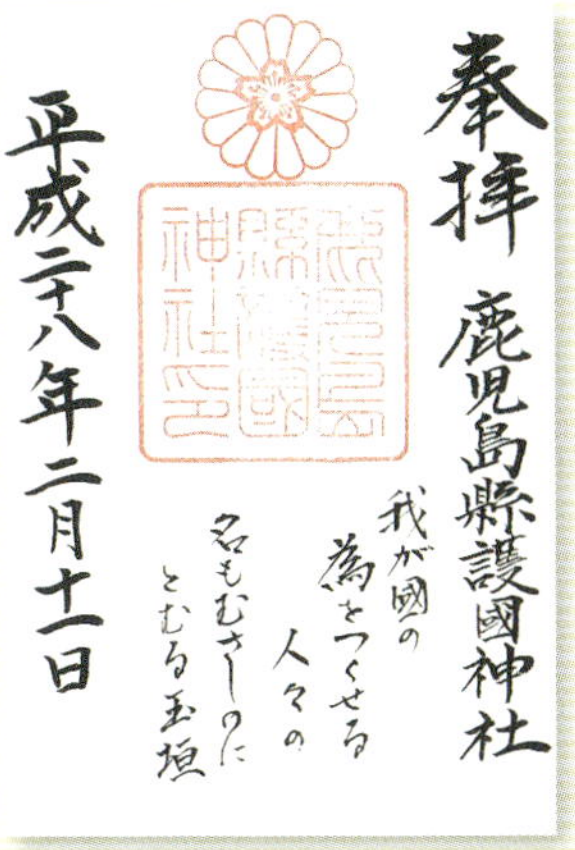
奉拝
鹿児島縣護國神社
我が國の
為をつくせる
人々の
名もむさしのに
とむる玉垣
平成二十八年二月十一日

裏表紙

［ 祀られている神様 ］

●明治維新以降の国事に殉じた英霊や、殉職した自衛官、警察官、消防士などが御祭神となっている

＊住：鹿児島県鹿児島市草牟田2丁目60番7号　＊T：099-226-7030
＊アクセス：国道3号線、川内・串木野・伊集院・伊敷方面行バス「護国神社前」より徒歩約5分
● 御朱印帳：1,500円

宮城県

商売《しょうばい》・金運《きんうん》の大神《おおかみ》 水清《みずきよ》き花《はな》の社《やしろ》

金《かな》蛇《へび》水《すい》神《じん》社《じゃ》

表紙

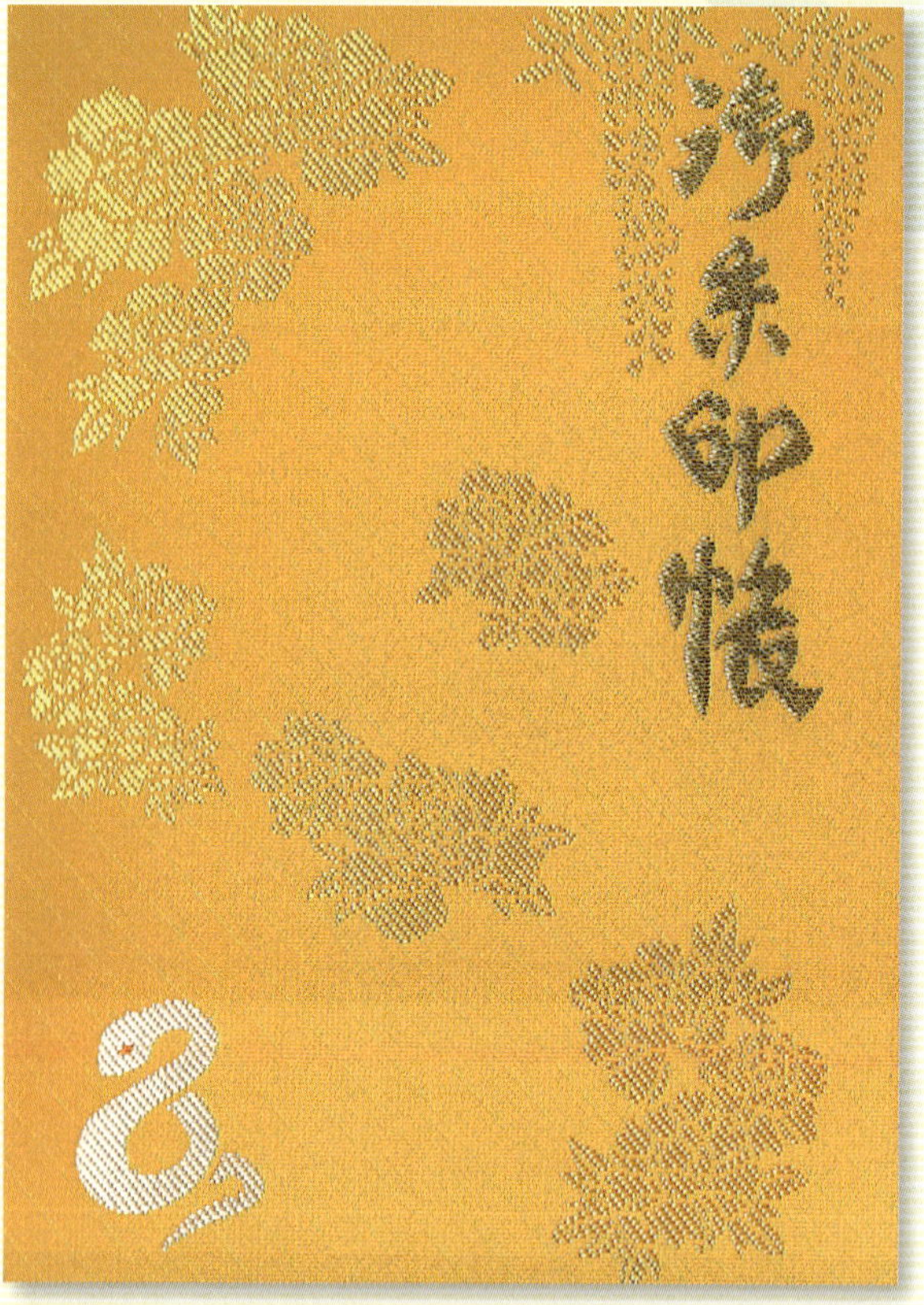

▲ 金運の神社としても信仰を集めるにふさわしい金色バージョンで、蛇のポイント柄がかわいいと大人気です。

蛇のポイントが可愛らしい

人々がこの地に住み農耕を始めた時に、山より平野へ水の流れ出るこの場所に水神をお祀りしたものと思われます。平安時代中頃一条天皇の御代、京都三条の小鍛冶宗近は、天皇の御佩刀を鍛えよとの勅命を受け、名水を求めて諸国を遍歴してこの地に至り、水神宮のほとりを流れる水の清らかさに心をうたれます。カエルの鳴き声で精神統一ができず、刀が打てずにいたところ、巳の姿をつくり、田に放つとカエルはピタリと鳴き止んだそうです。素晴らしい刀を鍛え神への感謝のために巳の姿を献納し都に帰ったのでした。

水神宮ではこれを御神体と崇め、社名も金蛇水神社と称するようになったといいます。御朱印帳の2種類のデザインにも蛇があしらわれており、金運の神社としても信仰を集めるにふさわしいものになっております。

歴史と伝統を
感じさせるデザインに
蛇の絵が神々しい！

［御朱印］

裏表紙

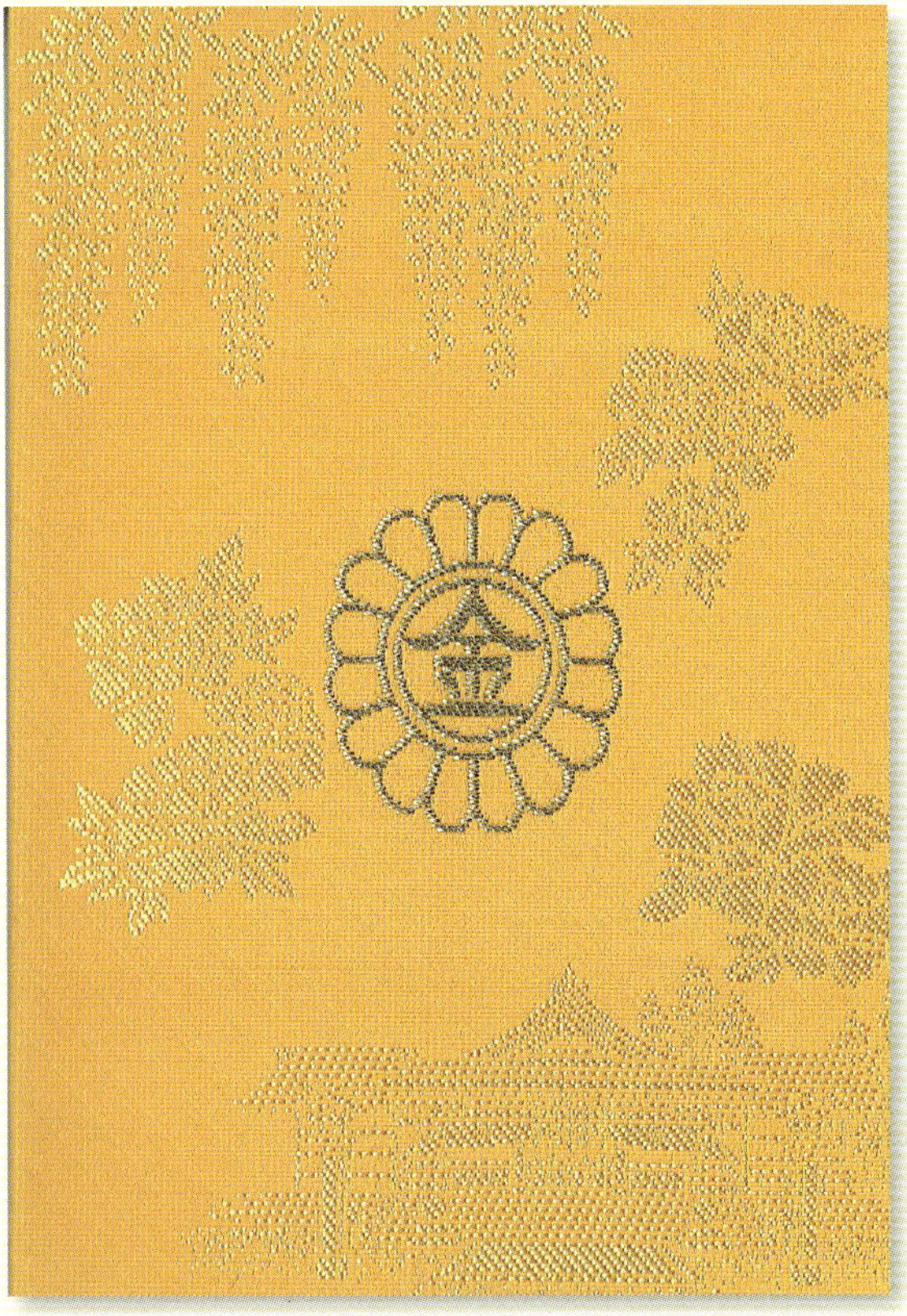

［ 祀られている神様 ］

●金蛇大神（かなへびのおおかみ）

古くよりこの地に祀られる水の神。古来、龍や蛇は水神の化身とされる

●金蛇弁財天（かなへびべんざいてん）

財力と知恵、技芸の向上の神徳を有する

✻ 住:宮城県岩沼市三色吉字水神7

✻ T:0223-22-2672　✻ F:0223-22-2603

✻ アクセス:JR東北本線常磐線「岩沼駅」より車で約10分

● 御朱印帳:1,500円（透明ケース付）

大阪府

難《なん》波《ば》神《じん》社《じゃ》

表紙

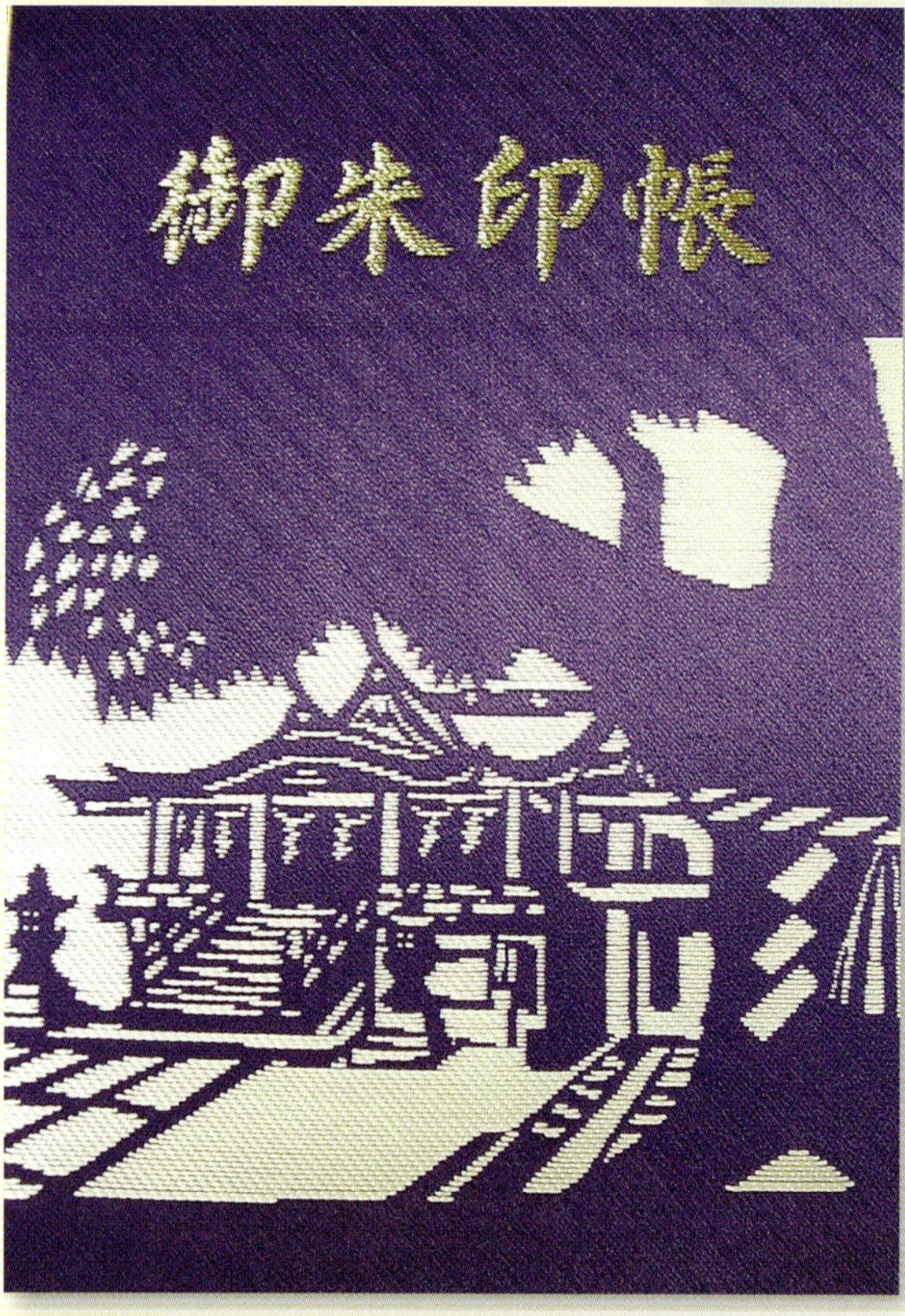

▲鮮やかな紫色の背景は、御神紋の花菖蒲の色をイメージしたもの。切り絵のように拝殿をデザインした上品な御朱印帳です。

花菖蒲の色を背景に切り絵風に描いた拝殿

5世紀のはじめ、反正天皇が父帝の仁徳天皇を偲んで創建しました。943（天慶6）年には摂津平野郷（現在の天王寺区）に遷座され、1583（天正11）年に豊臣秀吉が大阪城を築城した際に現在地へ移転したと伝えられています。

御神紋が花菖蒲であることから、毎年6月8日に行なわれるのが「菖蒲神事」で、あやめ祭として親しまれています。御朱印帳はその花菖蒲の色を背景に、2色使いで上品な絵柄が特徴です。

1945（昭和20）年の大阪空襲により全焼したため、しばらく仮宮のままでしたが、1974（昭和49）年7月に再建され現在に至っています。植村文楽軒が境内で人形浄瑠璃小屋を開いたことから、文楽発祥の地といわれ、「稲荷社文楽座跡」の碑が建てられています。

御神紋の花菖蒲を
あしらって優しい
筆づかいの御朱印

［御朱印］

裏表紙

［祀られている神様］

●仁徳天皇（にんとくてんのう）
祖税を免除し、茨田の堤を築造するなどの仁政を行った

●素戔嗚尊（すさのをのみこと）
やまたのおろちを退治し、出雲の祖神となる

●博労稲荷（ばくろういなり）
船場の商人達の信仰を集めた大阪屈指の稲荷

✻住:大阪府大阪市中央区博労町4丁目1番3号
✻T:06-6251-8000
✻アクセス:地下鉄御堂筋線「本町駅」・「心斎橋駅」より徒歩約5分
● 御朱印帳:1,000円

裏表紙

［御朱印］

表紙

▲ 表装は緑青を吹いた拝殿の屋根の色を思わせるウグイス色。神紋の巴と橋があしらわれた美しい御朱印帳です。

大阪府

生《いく》國《くに》魂《たま》神《じん》社《じゃ》

拝殿の屋根の色に神紋の巴と橋を描く

神武東征の際、神武天皇が国土安泰を祈願した事に始まる大阪最古にして日本総鎮守の神社です。拝殿の屋根を思わせるウグイス色に、神紋の巴と橋をあしらった美しい御朱印帳です。

1580（天正8）年に織田信長の石山合戦により焼失しましたが、1585（天正13）年に豊臣秀吉の大坂城築城により現在地に遷座しました。「生國魂造」と呼ばれる天守閣を思わせる独特な建築様式が特徴です。天下泰平の江戸期を通じて落語を始め様々な上方芸能が生まれた名所。大阪三大夏祭りのさきがけ「生國魂祭（いくたままつり）」なども行われています。

［祀られている神様］

● 生島大神（いくしまのおおかみ）

● 足島大神（たるしまのおおかみ）

国土・大地の守護神であり、大地に生を受けるもの全てを守護する広大無辺の日本列島そのものの神

＊ 住：大阪府大阪市天王寺区生玉町13番9号
＊ T：06-6771-0002
＊ アクセス：大阪市営地下鉄谷町線・千日前線「谷町九丁目」より徒歩約4分
● 御朱印帳：1,000円

裏表紙

表紙

［御朱印］

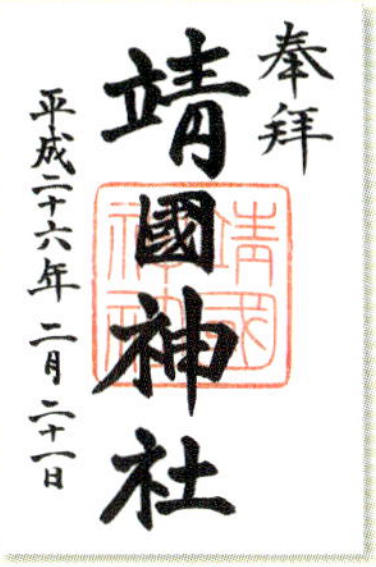

▲ 靖國の桜が美しく舞う御朱印帳。桜の校様をところどころに配置し、金糸やピンク色の桜の花が重なりあう気品のある表装です。

東京都

靖《やす》國《くに》神《じん》社《じゃ》

靖國の桜を表した金糸に輝く桜の紋様

1869（明治2）年、明治天皇の思し召しによって建てられた東京招魂社が始まりで、1879（明治12）年、靖國神社と改称されました。「靖國の桜」は創建の翌年に植えられた桜が始まりで、境内の約500本の桜の中には、気象庁が指定した東京桜の標本木も植えられています。「靖國の桜」をイメージした御朱印帳は、金糸や桜色の紋様の美しさが印象的です。

靖國神社は国家のために尊い命を捧げた人々の御霊を慰め、その事績を永く後世に伝えることを目的に創建され、「靖國」の社号には、祖国の平安や平和な国家を建設するという願いが込められています。

［ 祀られている神様 ］

●靖國の大神（やすくにのおおかみ）

身分や、勲功、男女の別なく全て一律平等に祖国に殉じられた尊い神霊として祀られている

＊住：東京都千代田区九段北3丁目1番1号
＊T：03-3261-8326
＊アクセス：JR中央線/総武線「飯田橋駅」、「市ヶ谷駅」より徒歩約10分
● 御朱印帳：1,000円

裏表紙

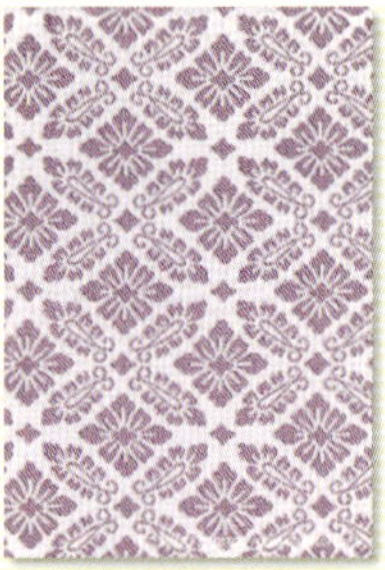

表紙

［御朱印］

▲ 光沢のある布地に上品な白と紫の和文様のシンプルな御朱印帳です。

東京都

明《めい》治《じ》神《じん》宮《ぐう》

光沢のある布地に白と紫の和文様

1912（明治45）年7月30日に明治天皇、1914（大正3）年4月11日に昭憲皇太后様が崩御になり、国民から御神霊をお祀りして、御聖徳を永遠に敬いたいとの熱い願いから、1920（大正9）年11月、縁の深い代々木の地に鎮座となり創建されました。明治神宮限定の御朱印帳は、光沢のある布地に上品な白と紫の和文様がきれいです。

1945（昭和20）年、大東亜戦争による空襲に見舞われ、創建当初の主要建物は焼失しましたが、国の内外から多くの浄財が寄せられて、現在の社殿を完成することができました。国民の心のふるさとと憩いの場所として親しまれています。

［祀られている神様］

- 明治天皇（めいじてんのう）
- 昭憲皇太后（しょうけんこうたいごう）

＊住：東京都渋谷区代々木神園町1番1号　＊T：03-3379-5511

＊ アクセス：JR山手線「原宿駅」徒歩約1分、JR山手線「代々木駅」徒歩約5分、小田急線「参宮橋駅」徒歩約5分

● 御朱印帳：1,000円

長野県 信州《しんしゅう》善《ぜん》光《こう》寺《じ》

裏表紙

表紙

▲ 白地に本堂のシルエットを地紋に敷き、金糸に白とピンクの桜の花がちりばめられた、とても上品なデザインの御朱印帳です。

［御朱印］

桜の花と花びらが上品に舞う御朱印帳

創建以来、約１４００年の永きにわたり、阿弥陀如来様の結縁の場として、また、民衆の心の拠り所として、深く広い信仰を得てきたのが善光寺です。白地の上品な御朱印帳には、金糸と白、ピンク色の桜と花びらが散りばめられています。

「牛に引かれて善光寺参り」の説話で知られるように、古くから宗派の別なく庶民に親しまれてきたお寺です。無宗派の単立寺院で善光寺聖の勧進や出開帳などによって、江戸時代末には「一生に一度は善光寺参り」をすれば、極楽浄土に行けると伝えられてきました。現在でも、年間約６００万人ともいわれる多くの参拝者で賑わっています。

©善光寺

［御本尊］

●一光三尊阿弥陀如来（いっこうさんぞんあみだにょらい）

数えで7年に一度の御開帳では、絶対秘仏の御本尊の分身としての「前立本尊」が開帳されている

＊住：長野県長野市大字長野元善町491-イ
＊T：026-234-3591
＊アクセス：JR北陸新幹線「長野駅」よりバスで約10分
● 御朱印帳：1,800円

京都府

総本山《そうほんざん》 仁《にん》和《な》寺《じ》

裏表紙

表紙

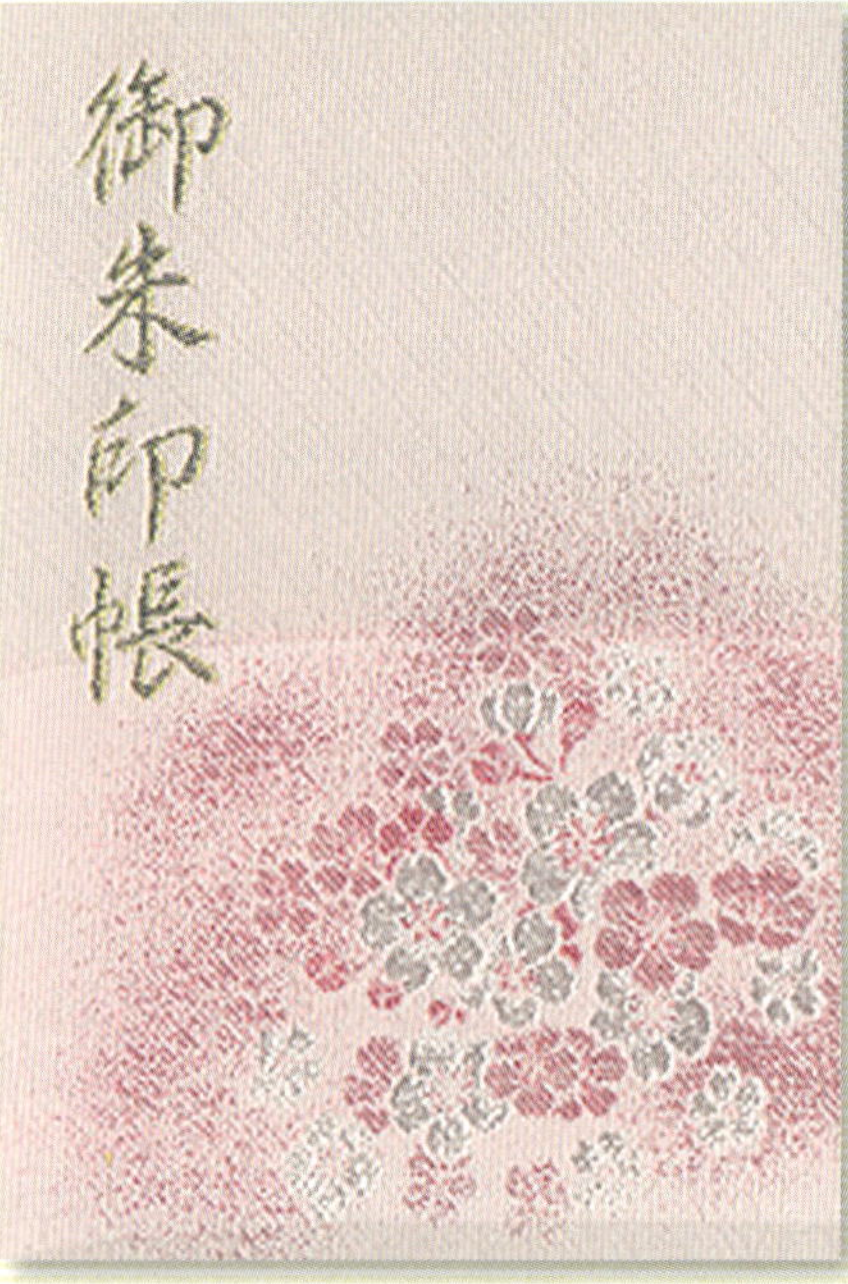

［御朱印］

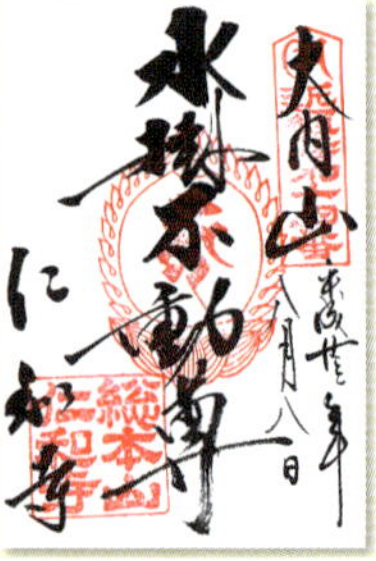

▲ ピンク色で華やかな仁和寺の御朱印帳。重要文化財の五重塔を包みこむように遅咲きの御室桜が咲き誇るデザインが特徴です。

咲き誇る御室桜と重要文化財の五重塔

1994（平成6）年、ユネスコの世界文化遺産に登録された仁和寺は、886（仁和2）年、光孝天皇によって「西山御願寺」と称する一寺の建立を発願されたことに始まります。志半ばにして崩御されたため、宇多天皇が遺志を継いで888（仁和4）年に完成しました。春は境内の染井吉野やしだれ桜が咲き競い、中でも中門内の西側一帯「御室桜」と呼ばれる遅咲きの桜が有名です。鮮やかなピンク地の御朱印帳にも満開の桜と五重塔が描かれています。

皇室と縁の深い寺で、第1世宇多法皇以来、皇室出身者が代々門跡を務めたため「御室御所」と称されました。

［御本尊］

●阿弥陀如来（あみだにょらい）

阿弥陀三尊像は脇侍菩薩二体を両脇に従えて、重宝館に安置されている。今から1,100年以上前の仁和寺創建時からの仏様と考えられている

＊住：京都府京都市右京区御室大内33番地
＊T：075-461-1155
＊アクセス：嵐電（京福電鉄）北野線「御室仁和寺駅」より徒歩約2分
● 御朱印帳：1,200円

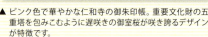

岩手県

関《かん》山《ざん》中《ちゅう》尊《そん》寺《じ》

表紙

▲ 御朱印帳を見開いて配置した「金銅華鬘」は、金色堂にかけられていた銅製鍍金の華鬘。華鬘とは生花で編んだ花輪のことを指します。

裏表紙

［御朱印］

▲ 金色堂で御朱印帳を新たに求めた場合、最初の御朱印は見開きでいただけます。

見開いて配置した透し彫りの金銅華鬘

850（嘉祥3）年、比叡山延暦寺の高僧慈覚大師円仁が、関山弘台寿院を開創したのが始まりとされています。実質的には12世紀の初頭、奥州藤原氏初代の清衡公が、釈迦如来と多宝如来を安置する多宝寺を建立したのが創建と見られています。御朱印帳を見開いて配置した「金銅華鬘」は、金色堂にかけられていた銅製鍍金の華鬘が非常に豪華です。

奥州藤原氏三代ゆかりの寺として有名で、平安時代の美術、工芸、建築の粋を集めた金色堂を始め、多くの文化財を有する東日本随一の平安仏教美術の宝庫と称されています。

［御本尊］

●釈迦如来（しゃかにょらい）

「丈六仏」という立像にして一丈六尺の大きな仏様が安置されている（坐象のため3m程度の高さ）

＊住：岩手県西磐井郡平泉町平泉衣関202番地
＊T：0191-46-2211
＊アクセス：JR東北本線「平泉駅」よりバスで約10分
● 御朱印帳：2,000円

宮城県

杜《もり》の都《みやこ》の天神様《てんじんさま》

榴《つつじ》岡《がおか》天《てん》満《まん》宮《ぐう》

表紙

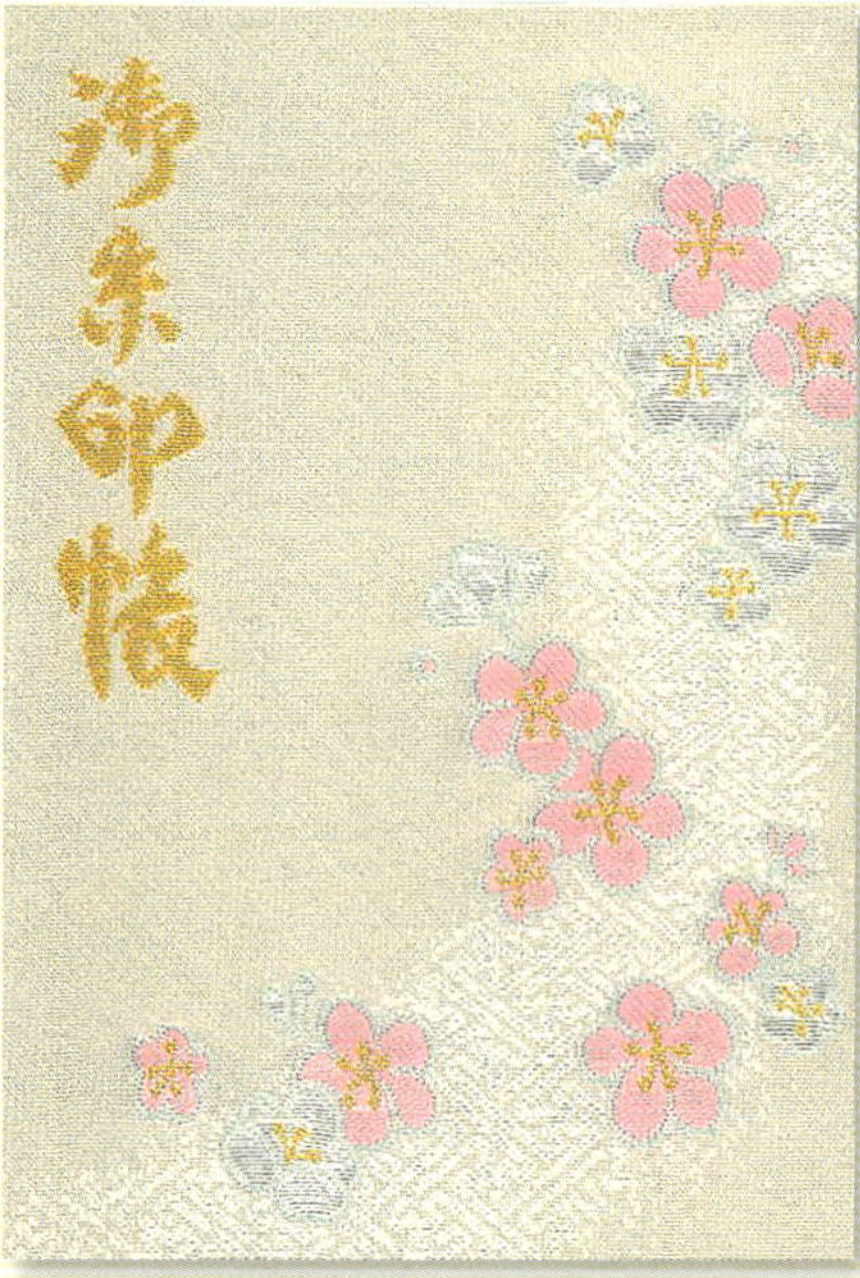

裏表紙

［御朱印］

▲ ピンク色の梅を銀糸で縁取った花を上品に配した御朱印帳です。裏表紙の梅紋は各地の天満宮で菅原道真公の象徴として使われています。

梅の花を描いた天満宮の御朱印帳

学問の神様として知られる菅原道真公を祀った天満宮は、平安時代の９７４（天延２）年に山城国（現在の京都）に創建されました。ピンク色の御朱印帳には道真公ゆかりの梅の花が鮮やかに刺繍されています。御朱印は見開きと一頁ものがあり、見開きには御詠歌を書いていただくことができます。

仙台市の榴ケ岡に鎮座する榴岡天満宮は、１６６７（寛文７）年に三代藩主伊達綱宗公の意志により、丹塗りの社殿、唐門を新たに造営し、菅原道真公の真筆（直筆の書）を奉納して、現在地への御遷座が行なわれました。杜の都の天神様として現在も広く崇敬されています。

［ 祀られている神様 ］

● 菅原道真公（すがわらみちざねこう）

忠臣として名高く宇多天皇に重用され寛平の治を支えた。学問の神として親しまれている

* 住：宮城県仙台市宮城野区榴ケ岡105番地の3
* T：022-256-3878
* アクセス：JR「仙台駅」より徒歩約20分、JR仙石線「榴ケ岡駅」より徒歩約3分
* ● 御朱印帳：1,200円

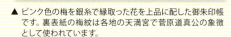

裏表紙

表紙

[御朱印]

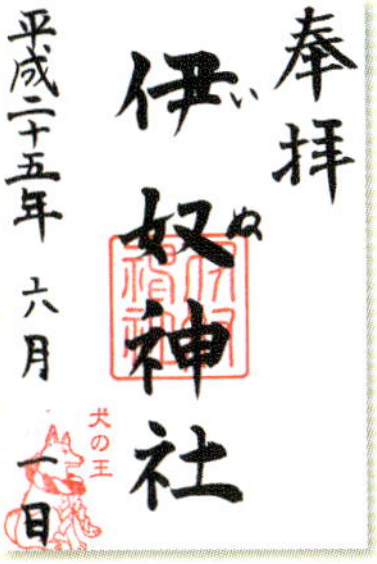

▲ 萌黄色とピンク色を基調に、桜の花を散らしたようなデザインが愛らしい御朱印帳です。子授けや安産のお守り、いぬみくじも人気です。

愛知県

伊《い》奴《ぬ》神《じん》社《じゃ》

萌黄色を基調に桜の花が愛らしい

御朱印帳には右上から左下へと桜の花が流れるように配置され、萌黄色とピンク色のコントラストが愛らしいデザインです。

伊奴神社は1330年余りの歴史を持つ古社として知られ、第40代天武天皇の御代673（白雉24）年、この地で採れた稲を皇室に献上した際に建立されたものと伝えられています。延喜式に「尾張国山田郡伊奴神社」と記載され、江戸時代には「熊野権現」と称していましたが、村名の稲生からの類推で伊奴神社に比定したとみられます。また、拝殿の前には民話の犬の伝説にまつわる犬石像があり、安産や子授けの祈願をする参拝者が多く見受けられます。

[祀られている神様]

●伊奴姫神（いぬひめのかみ）
子授け・安産・夫婦円満・家内安全の神様。神社名の由来となっている。大年神の御妃

●大年神（おおとしのかみ）
農業の守護神

●素盞嗚尊（すさのおのみこと）
産業発展・商売繁盛・病気平癒の神様　他7柱を配祀

＊住：愛知県名古屋市西区稲生町2丁目12番地
＊T：052-521-8800
＊アクセス：鶴舞線「庄内通駅」より徒歩約10分
● 御朱印帳：1,200円

奈良県

春《かす》日《が》大《たい》社《しゃ》

裏表紙

表紙

▲「下がり藤」の社紋と社名のみというシンプルさが魅力の御朱印帳。清々しさを感じます。

［御朱印］

シンプルさが神々しくて清々しい

奈良時代のはじめに国民の繁栄と平和を祈願するために創建されました。太古の姿を今に伝える春日山原始林の西麓に鎮座する御本殿に四柱の神様を祀っています。第一殿の武甕槌命様が白鹿に乗って奈良の地に来て以来、鹿は神の使いとされています。「灯籠」のイメージがあるほどたくさんの灯籠が奉納されている奈良公園の東にある朱塗りの社殿が美しい神社であります。全国に約3000社ある春日神社の総本社です。御朱印帳もシンプルさの中に威厳があります。

［ 祀られている神様 ］

●武甕槌命（たけみかづちのみこと）　●経津主命（ふつぬしのみこと）
●天児屋根命（あめのこやねのみこと）　●比売神（ひめのかみ）

以上総称して春日神（かすがのかみ）という

＊住:奈良県奈良市春日野町160　＊T:0742-22-7788
＊アクセス:JR「奈良駅」・近鉄「奈良駅」より奈良交通バスで春日大社本殿行「春日大社本殿」下車すぐ
● 御朱印帳:1,200円

東京都

桜《さくら》神《じん》宮《ぐう》

裏表紙

表紙

［御朱印］

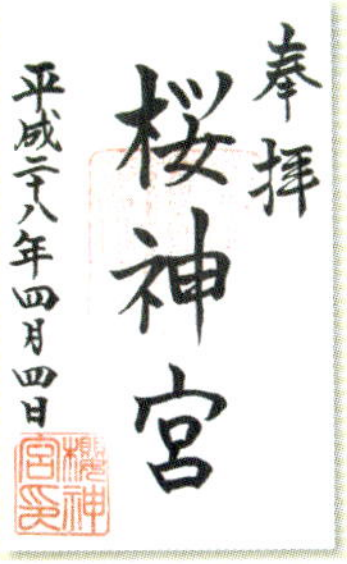

▲ 境内の桜をイメージし、こぼれんばかりに咲き誇る桜の花をデザインしたかわいい御朱印帳です。

こぼれんばかりに咲き誇る桜の図案

桜神宮は天照大御神、伊邪那岐、伊邪那美命を始めとした神々をお祀りする神社です。御朱印帳は境内に咲く桜をイメージした華やかなデザインが特徴です。2月中旬より境内の河津桜、4月にはソメイヨシノ、しだれ桜も見頃となり、多くの方が参詣しています。境内にある河津桜は縁結びの木となっており、お願い事を書いてこの木に花帯を結びに来る方が絶えません。祭礼の日には都内には珍しく釜鳴神事、火渡り神事、湯立て神事なども行われています。

［ 祀られている神様 ］

- 造化三神（ぞうかのさんじん）
- 天照大御神（あまてらすおおみかみ）
- 伊邪那岐・伊邪那美命（いざなぎ）・（いざなみのみこと）
- 正一位稲荷大神（しょういちいいなりおおかみ）

＊住：東京都世田谷区新町3丁目21番3号
＊T：03-3429-0869
＊アクセス：東急田園都市線「桜新町駅」より徒歩約2分
● 御朱印帳：1,500円

福島県

伊《い》佐《さ》須《す》美《み》神《じん》社《じゃ》

裏表紙

表紙

［御朱印］

▲ 水辺をイメージさせる紺色の上に、静かに咲くあやめをモチーフにしたデザインの御朱印帳です。

「あやめ苑」のあやめが美しく咲き誇る

国家鎮護の為、国家開拓の神様である二神を新潟県境の御神楽岳に奉斎したのが起源とされています。552（欽明天皇13）年に遷御し、560（同21）年、現地に御神殿を造営し、以来1，400有余年、名神大社・岩代の国一ノ宮会津総鎮守の格式を持ちます。四道将軍神話があり、会津文化の発祥の地といえます。

神社外苑の「あやめ苑」をイメージした美しい御朱印帳です。

［ 祀られている神様 ］

●伊弉諾尊（いざなぎのみこと）

●伊弉冉尊（いざなみのみこと）

●大毘古命（おおびこのみこと）

●建沼河別命（たけぬなかわわけのみこと）

＊住:福島県大沼郡会津美里町宮林甲4377

＊T:0242-54-5050

＊アクセス:JR磐越西線「会津若松駅」より高田行バス「横町」下車徒歩約5分

● 御朱印帳:2,000円

京都府

聖《しょう》護《ご》院《いん》

表紙

裏表紙

▲ 山伏の必需品の法螺目が箔押しされた御朱印帳で色違いもあります。

［御朱印］

法螺目の箔押しが素敵なデザイン

1090（寛治4）年、増誉大僧正が白河上皇の熊野御幸の際、案内役を務めた功績により聖体護持より2字をとった聖護院を賜ったのが始まりで、後白河天皇の皇子、静恵法親王が宮門跡として入寺された門跡寺院です。また、全国の山伏を統括する本山派修験の総本山でもあります。表紙に箔押しされている紋は皇室との縁を表す十六紋と山伏の象徴である法螺目を重ねた聖護院独自の寺紋となります。

［御本尊］

●不動明王（ふどうみょうおう）など廃仏几毀釈により集められた多数の仏像がある

＊住:京都府京都市左京区聖護院中町15
＊T:075-771-1880
＊アクセス:京阪電鉄「神宮丸太町駅」より徒歩約7分
● 御朱印帳:1,500円

裏表紙

表紙

▲ 緑に囲まれた浅草神社をイメージさせる薄いグリーンのさわやかな御朱印帳です。

［御朱印］

東京都

浅《あさ》草《くさ》神《じん》社《じゃ》

緑に囲まれたような さわやかなイメージ

創建は平安の末期から鎌倉にかけて権現思想が流行した以後、浅草発展の功労に寄与した郷土神として祀ったものであろうと推定されます。

奇しくも明治維新の神仏分離令により浅草寺との袂を分か1868（明治元）年に三社明神社と改められ、1873（明治6）年に浅草郷の総鎮守として現在の浅草神社の名称になったようです。今でも氏子の方々にはその名残から「三社様」と親しまれています。東京都内にありながら緑に囲まれた浅草神社をイメージした、さわやかなグリーンの御朱印帳です。

［ 祀られている神様 ］

● 檜前浜成命（ひのくまのはまなりのみこと）
● 檜前竹成命（ひのくまのたけなりのみこと）
● 土師真中知命（はじのまつちのみこと）

✽ 住:東京都台東区浅草2丁目3番1号
✽ T:03-3844-1575
✽ アクセス:地下鉄東京メトロ銀座線「浅草駅」より徒歩約7分
● 御朱印帳:1,000円

愛知県

三河国《みかわのくに》・岡崎《おかざき》 六《ろく》所《しょ》神《じん》社《じゃ》

表紙2

表紙1

▲ 御朱印帳は2色あり、徳川家の金の葵の御紋が描かれています。

［御朱印］

徳川家康公の産土神

斎明天皇（６５５～６６１年）の祈願により、奥州塩竈六所大明神を勧請され、神領をご寄進のうえ創立されたと伝えられています。その後徳川家康公誕生の際その産度神として拝礼され、１６０２（慶長７）年には家康公より石高62石７斗を贈られ、３代徳川家光公も１６３４（寛永11）年ご上洛の折に岡崎城にて遥拝されました。さらに家光公は１６３４～３６（同11～13）年にかけて、社殿および神供所をご造営。現在ではこれらの社殿と御神体を納める御厨子６基、社殿の棟札６枚と共に国の重要文化財に指定をされています。

［祀られている神様］

- 塩土老翁命（つおつちのおじ）
- 衝立船戸命（つきたつふなとのみこと）
- 興玉命（おきたまのかみ）
- 猿田彦命（さるたひこのみこと）
- 太田命（おおたのかみ）
- 事勝国勝長狭命（ことかつくにかつながさのみこと）

＊住:愛知県岡崎市明大寺町耳取44
＊T:0564-51-2930
＊アクセス:東名高速道路「岡崎IC」より約10分
● 御朱印帳:1,500円

北海道

新《しん》琴《こと》似《に》神《じん》社《じゃ》

表紙

裏表紙

［御朱印］

▲ 白色の布地にシルバーの社紋が配置されているオシャレなデザインの御朱印帳です。

屯田兵が心のよりどころとして願いを捧げた

陸軍屯田兵歩兵第一大隊第三中隊が新琴似の地に入植。開拓の守護神として御鎮座されたのが新琴似神社です。1887（明治20）年5月20日にその歴史が始まったとされています。後にその日を例祭の日とし、19日から21日かけて春の大祭を、9月には秋の大祭が行われ、1月半ばには古神札焼納際、いわゆるどんど焼きが行われています。

境内には新琴似屯田兵中隊本部として使用されていた建物が1972（昭和47）年に復元され、現在は資料館となっています。また、さまざまな理由で建立された碑も集中しており北区歴史と文化の八十八選のうちの一つとなっています。

［御祭神］

- 天照皇大御神（あまてらすすめおおみかみ）
- 豊受大神（とようけのおおかみ）
- 神武天皇（じんむてんのう）

＊住:北海道札幌市北区新琴似8条3丁目1番6号　＊T:011-761-0631

＊アクセス:JR学園都市線「新琴似駅」より徒歩約5分、札幌市営地下鉄南北線「麻生駅」3番出口より徒歩約7分

● 御朱印帳:1,200円